वाइफ़ स्वैपिंग वरिष्ठ खोजी पत्रकार विनीता यादव की एक साहसिक, झकझोर देने वाली और आँखें खोल देने वाली रिपोर्ताज पुस्तक है। यह किताब उस समाज की परतें उघाड़ती है, जिसे हम सभ्य, संस्कारी और सुरक्षित मानकर चलते हैं, लेकिन जिसके भीतर स्त्री देह के बाज़ारीकरण और विवाह संस्था के भीतर छिपी क्रूर सच्चाइयाँ साँस ले रही हैं।

यह कोई काल्पनिक उपन्यास नहीं, बल्कि ज़मीनी हक़ीक़तों पर आधारित दस्तावेज़ है—उन महिलाओं की कहानियाँ, जो पति के कहने पर, समाज के डर से और परिवार की 'इज़्ज़त' के नाम पर अपने अस्तित्व का सौदा करने को मजबूर हैं। विनीता यादव अपने 23 वर्षों के खोजी पत्रकारिता अनुभव के साथ उन गलियों, घरों और कमरों तक पहुँचती हैं, जहाँ यह सब 'नॉर्मल' बना दिया गया है।

किताब न सिर्फ़ 'वाइफ़ स्वैपिंग' की प्रक्रिया और मानसिकता को सामने लाती है, बल्कि इसके सामाजिक, भावनात्मक और मनोवैज्ञानिक प्रभावों का गहन विश्लेषण भी करती है। यह पुस्तक पाठक को असहज करती है, सवाल पूछने पर मजबूर करती है और स्त्री, विवाह और नैतिकता को नये सिरे से समझने की चुनौती देती है।

'वाइफ़ स्वैपिंग'—एक ऐसा सच, जिसे देखना मुश्किल है, लेकिन नज़र-अन्दाज़ करना अपराध।

वाइफ़ स्वॉपिंग

भारत के गाँवों की असल रिपोर्ट

विनीता यादव

वाणी प्रकाशन

प्रकाशन के उत्कृष्टतम 63 वर्ष

vaniprakashan.com

सजिल्द पहला संस्करण : 2026

वाणी प्रकाशन

4695, 21-ए, दरियागंज, नयी दिल्ली-110 002

फ़ोन : + 91 11 23273167, 23275710

शाखाएँ

अशोक राजपथ, पटना-800 004, बिहार

कॉफ़ी हाउस कैम्पस, महात्मा गांधी मार्ग, प्रयागराज-211 001, उत्तर प्रदेश

महात्मा गांधी अन्तरराष्ट्रीय हिन्दी विश्वविद्यालय, वर्धा-442 001, महाराष्ट्र

sales@vaniprakashan.in

vaniprakashan@gmail.com

Wife Swapping

by Vineeta Yadav

ISBN : 978-93-7348-456-3

Reportage

मूल्य : ₹ 395

जी.एस. ऑफ़सेट, दिल्ली-110 095 में मुद्रित

वाणी प्रकाशन का लोगो मक़बूल फ़िदा हुसैन की कूची से

प्रस्तावना

पत्रकारिता के लगातार बदलते हुए परिप्रेक्ष्य में, ऐसी कुछ आवाज़ें उभर कर सामने आती हैं जो साधारण से कहीं अधिक होती हैं, जो हमारे समाज की अनकही कहानियों को प्रकट करती हैं और उन कठोर वास्तविकताओं को उजागर करती हैं जो अक्सर अँधेरे में छुपी रहती हैं। विनीता यादव उन असाधारण आवाज़ों में से एक हैं, जो एक वरिष्ठ खोजी पत्रकार हैं और जिनका 23 साल से अधिक का पत्रकारिता का अनुभव सत्य को उजागर करने, असहायों की आवाज़ बनकर उन्हें पहचान दिलाने और हमारे दुनिया के सबसे अँधेरे पहलुओं को रोशन करने में समर्पित रहा है।

जब मैं विनीता यादव की पत्रकारिता यात्रा पर विचार करता हूँ, तो मुझे याद आता है कि उनके कार्य का हमारे समाज पर कितना गहरा प्रभाव पड़ा है। अपनी कहानियों के माध्यम से उन्होंने न केवल उन घटनाओं का दस्तावेज़ीकरण किया है जो हमारे संसार को आकार देती हैं, बल्कि उन्होंने एक ऐसा कथानक तैयार किया है जो उन अनगिनत संघर्षों को उजागर करता है जो ख़ासकर महिलाओं को झेलने पड़ते हैं। यह अत्यधिक सम्मान के साथ है कि मैं उनकी अदम्य निष्ठा की सराहना करता हूँ, जो उन महिलाओं के जीवन पर प्रकाश डालने के लिए समर्पित है, जो अक्सर हाशिये पर होती हैं और चुपचाप सहे जाती हैं।

विनीता की कहानियाँ केवल घटनाओं का विवरण नहीं हैं, बल्कि ये उन लोगों के जीवन की खिड़कियाँ हैं, जो शहरी केन्द्रों की चमकदार रोशनी से दूर, जीवन के सबसे कठिन पहलुओं से जूझते हैं। उनकी लेखनी केवल सतह तक सीमित नहीं है, बल्कि इन महिलाओं के दिलों में समायी हुई सख़्ताइयों, साहस और जीवन-युद्ध की कहानियाँ भी बयाँ करती हैं।

विनीता ने हमें एक दर्पण दिखाया है, जो न केवल उन महिलाओं के संघर्षों को उजागर करता है, जिनका वह लेखन करती हैं, बल्कि उन संरचनात्मक समस्याओं

को भी सामने लाता है जो उनके दुःख को बढ़ावा देती हैं। जो बात मुझे सबसे ज़्यादा प्रभावित करती है, वह है विनीता का भयहीनता से भरा हुआ साहस, जो उन्हें विपरीत परिस्थितियों का सामना करने में मदद करता है। सत्य की खोज में उन्होंने अक्सर उन स्थानों पर क़दम रखा है, जहाँ भ्रष्टाचार, अपराध और शोषण का साम्राज्य है। और फिर भी, उन्होंने इन ख़तरनाक रास्तों को एक उद्देश्यपूर्ण तरीक़े से तय किया है, जो वास्तव में क़ाबिलेतारीफ़ है।

महिलाओं को अपराधियों और अपराध के शिकंजे से बचाने की उनकी कहानियाँ उनके अडिग साहस और न्याय के लिए उनकी अनूठी प्रतिबद्धता का प्रतीक हैं। यह पुस्तक, विनीता यादव के अनुभवों, विचारों और गहराई से प्राप्त की गयी जानकारी का संग्रह है, जो उन्होंने अपने कठिनतम कार्यों के दौरान हासिल की हैं।

यह पुस्तक उनके अदम्य आत्मबल, उनके अडिग समर्पण और सत्य के प्रति उनके अडिग सम्बन्ध का प्रतीक है। जैसे-जैसे आप इस पुस्तक के पन्नों को पढ़ेंगे, आप एक ऐसे संसार में प्रवेश करेंगे जो कड़ा और दिल को छूने वाला है, एक ऐसा संसार जहाँ पत्रकारिता शोषितों के लिए जीवन-रेखा बन जाती है और बदलाव का उत्प्रेरक बनती है।

यह पुस्तक नये पत्रकारों, कहानीकारों और समाज में बदलाव लाने वाले लोगों के लिए एक प्रेरणा का स्रोत बने, जिससे वे विनीता यादव के क़दमों पर चलें और उन कहानियों को उजागर करें जो सच में महत्त्वपूर्ण हैं। जैसे-जैसे उनका सफ़र जारी रहेगा, मैं शुभकामनाएँ भेजता हूँ कि उनकी लेखनी हमेशा इतनी शक्तिशाली रहे और उनका सत्य और न्याय के प्रति समर्पण सत्ता के गलियारों और शोषितों के दिलों में गूँजता रहे।

विनीता को इस पुस्तक की सफलता और उनके भविष्य के सभी प्रयासों के लिए मेरी हार्दिक शुभकामनाएँ। वह हमेशा असहायों की आवाज़, सत्य की रक्षक और हमारे समय की कहानीकार बनी रहें।

—न्यायमूर्ति के.जी. बालाकृष्णन (सेवानिवृत्त)

भूमिका

दुनिया के किसी भी देश में जहाँ भी महिलाओं पर कोई किताब लिखी जाती है उसमें उसकी बेचारगी, असमानता या उपेक्षा का ज़िक्र ज़रूर होता है। बात अगर समाज के किसी क्षेत्र में उसकी तरक़्क़ी की हो तो उसकी मेहनत या ज्ञान के बीच उसके स्त्री होने को क़तई दरकिनार नहीं किया जाता यानी कहीं-न-कहीं ये लेखक या पाठक दोनों के दिमाग़ में रहता है कि विषय के केन्द्र में स्त्री ही तो है। ठीक वैसे ही जैसे आधुनिक समाज में कथित पढ़े-लिखे लोग फ़ख़्र से कहते फिरते हैं कि मैंने बेटी को बेटे की तरह पाला है या ये मेरी बेटी नहीं, 'बेटा' है। हमने मान लिया है कि बेटी लाख बेटे से अव्वल हो, सम्मान सूचक शब्द में 'बेटा' शब्द की बैसाखी उसे ज़रूर चाहिए।

समाज कोई भी हो, महिलाओं की स्थिति न पहले बेहतर थी न आज सन्तोषजनक है। हर क्षेत्र में आगे होने के बाद भी अभी काफ़ी कुछ होना बाक़ी है। कहने को भारत में कभी महिलाओं का बहुत सम्मान था। लेकिन जैसे-जैसे वक़्त गुज़रा महिलाओं की स्थिति में भी बदलाव आया। गुज़रे वक़्त पर नज़र डालें तो बहुविवाह प्रथा, सती प्रथा, दहेज प्रथा, कन्या भ्रूणहत्या जैसे मामले उजागर होना कभी आम बात हो गयी थी। बिगड़ते हालातों को देखते हुए महान नेताओं और समाज सुधारकों ने इस दिशा में काम करने की ठानी। उनकी मेहनत का ही नतीजा था कि महिलाओं की बिगड़ती स्थिति पर क़ाबू पाया जा सका। उसके बाद सरकार ने भी इस दिशा में काम किया। पंचायती राज प्रणाली में 33% सीट महिलाओं के लिए आरक्षित कर दी ताकि वे आगे आकर समाज की भलाई के लिए कार्य कर सकें। इसका कुछ असर दिखा भी। 17वीं लोकसभा में तो 78 महिला चुनाव जीत कर सांसद बनी थीं। जो एक रिकॉर्ड है। लेकिन ज़मीनी हक़ीक़त यह है कि स्त्री आज भी कुछ लोगों के लिए घर के अन्दर का सामान से ज़्यादा कुछ नहीं है।

भारत में महिलाओं की स्थिति आर्थिक, सामाजिक और व्यावहारिक रूप से शुरू से ख़राब रही है। प्राचीन काल में महिला को देवी का दर्जा देने के बाद भी उनकी हालत किसी राजा-महारजा की दासी के समान थी। सैद्धान्तिक रूप से भले ही महिला को समाज में ऊँचा स्थान दिया गया था पर व्यावहारिक दृष्टि से देखा जाये तो यह मात्र एक औपचारिकता से ज़्यादा कुछ नहीं था। शुरू में महिलाओं को सामाजिक स्तर पर काम करने की मनाही थी। किसी भी काम को शुरू करने से पहले उनकी राय लेना ज़रूरी नहीं माना जाता था। मुग़ल काल के दौरान हालात और भी ख़राब थे। महिलाओं को सती प्रथा और परदे में रहने जैसे बन्धनों में रहना पड़ता था। ब्रिटिश राज में भी हालत नहीं सुधरे बल्कि उसके बाद तो व्यवस्था और भी बिगड़ गयी। महात्मा गांधी ने बीड़ा उठाया और महिलाओं से आह्वान किया किया कि वे भी आज़ादी के आन्दोलन में हिस्सा लें। इसके बाद ही सरोजिनी नायडू, विजय लक्ष्मी पण्डित और अरुणा आसफ़ अली जैसी नारियों का उदय हुआ जिन्होंने ख़ुद महिलाओं की दशा सुधारने में अहम योगदान दिया।

हैरत की बात तो ये है कि अगर हम वेदों का अध्ययन करें तो उसमें साफ़ देखने को मिलता है कि उस वक़्त औरतों को अपनी शिक्षा पूरी करने की छूट थी और उनका विवाह भी उन्हीं की रज़ामन्दी से होता था। गार्गी और मैत्रेयी दो महिला सन्तों का उदाहरण ऋग्वेद और उपनिषदों में हुआ है। लेकिन देश में इस्लाम और ईसाई आगमन के बाद से महिलाओं से उनके हक़ छिनते चले गये। हद तो तब हो गयी जब देवदासी के नाम पर भी उनका ख़ूब शोषण हुआ। दुःख की बात है कि धर्म के नाम पर स्त्री दान की ये परम्परा आज भी सुनने को मिल जाती है।

आन्ध्र प्रदेश, विशेषकर तेलंगाना क्षेत्र में दलित महिलाओं को देवदासी बनाने या देवी-देवताओं के नाम पर मन्दिरों में छोड़े जाने की रस्म आज भी चल रही है। "देवदासी बनी महिलाओं को इस बात का भी अधिकार नहीं रह जाता कि वह किसी की हवस का शिकार होने से इनकार कर सकें।" जिस शारीरिक शोषण के शिकार होने के सिर्फ़ ज़िक्र भर से रूह काँप जाती है, उस दिल दहला देने वाले शोषण का सामना ये देवदासियाँ हर दिन करती हैं। देवदासी प्रथा भारत के दक्षिणी पश्चिम हिस्से में सदियों से चले आ रहे धार्मिक उन्माद की उपज है। जिन बालिकाओं को देवी-देवता को समर्पित किया जाता है, वह देवदासी कहलाती हैं। देवदासी का विवाह देवी-देवता से हुआ माना जाता है, वह किसी अन्य व्यक्ति से विवाह नहीं कर सकती। सभी पुरुषों में देवी-देवता का अक्श मान उसकी इच्छा पूर्ति करती

हैं। ख़बरों की मानें तो महाराष्ट्र और कर्नाटक के कोल्हापुर, शोलापुर, सांगली, उस्मानाबाद, बेलगाम, बीजापुर, गुलबर्ग आदि में बेरोकटोक जारी है। कर्नाटक के बेलगाम ज़िले के सौदती स्थित येल्लमा देवी के मन्दिर में हर वर्ष माघ पूर्णिमा जिसे 'रण्डीपूर्णिमा' भी कहते हैं, इस दिन किशोरियों को देवदासियाँ बनाया जाता है। भगवान की सेवा करने के नाम पर पुजारियों और मठाधीशों की सेवा के लिए शुरू की गयी 'देवदासी प्रथा' घोषित रूप से भले ही ख़त्म हो गयी हो, लेकिन देवदासियाँ आज भी हैं।

शुरुआती दौर में देवदासी प्रथा के तहत ऊँची जाति की महिलाएँ जो पढ़ी-लिखी और विदुषी हुआ करती थीं, मन्दिर में ख़ुद को समर्पित करके देवता की सेवा करती थीं और देवता को ख़ुश करने के लिए मन्दिरों में नाचती थीं। समय ने करवट ली और इस प्रथा में शामिल महिलाओं के साथ मन्दिर के पुजारियों ने यह कहकर शारीरिक सम्बन्ध बनाने शुरू कर दिये कि इससे उनके और भगवान के बीच सम्पर्क स्थापित होता है। धीरे-धीरे यह उनका अधिकार बन गया, जिसको सामाजिक स्वीकार्यता भी मिल गयी। उसके बाद राजाओं ने अपने महलों में देवदासियाँ रखने का चलन शुरू किया। मुग़ल काल में, जब राजाओं ने महसूस किया कि इतनी संख्या में देवदासियों का पालन-पोषण करना उनके वश में नहीं है, तो देवदासियाँ सार्वजनिक सम्पत्ति बन गयीं।

नारी देह, पुरुष के लिए सदैव आकर्षण का केन्द्र रही है। समुद्र-मन्थन के दौरान अमृत कलश दैत्यों के हाथ लग गया, तब दैत्यों से अमृत कलश वापस लेने के लिए सुन्दर नारी का रूप धरे भगवान विष्णु के यौवन पर मुग्ध हो असुरों ने अमृत कलश उन्हें सौंप दिया। महाभारत काल के दौरान तो वेश्याओं का वर्गीकरण भी किया गया। वस्तु बना दिया। आम्रपाली इसी कारण नगरवधू बनने पर मजबूर हुई। नगरवधू की एक रात की क़ीमत अत्यधिक होने के कारण नगर के चन्द साहूकार ही उसका रसपान कर पाते थे। लेकिन सम्राट अशोक के काल की प्रख्यात नगरवधू आम्रपाली से चुनिन्दा किशोरियों को परीक्षण दिलाया जाता था और 64 कलाओं में पारंगत होने पर उन्हें पेशे में उतार दिया जाता था। उनकी देह की क़ीमत नगरवधू से कम आँकी जाती थी। उन दिनों वेश्याएँ समाज की सम्मानित नागरिक होती थीं। इन्हें जनपद कल्याणी भी कहा जाता था। ये वेश्याएँ केवल मनोरंजन ही नहीं करती थीं, बल्कि राजा की सलाहकार, सहचरी व गुप्तचर भी होती थीं। समय कोई हो, स्त्री को इस्तेमाल करने के लिए पुरुष प्रधान समाज ने अलग-अलग नाम और काम में बाँट दिया।

बाहरी देशों पर नज़र डालें तो वहाँ भी हालात बहुत अच्छे नहीं हैं। ख़ुश होने के लिए कह सकते हैं कि इस समय 22 ऐसे देश हैं जहाँ चुनी हुई प्रधानमन्त्री या राष्ट्रपति महिला है। ऐसे देशों की लिस्ट में हाल ही में पेरू, लिथुआनिया और माल्डोवा का नाम जुड़ा है। 25 जनवरी 2021 को एस्टोनिया इकलौता ऐसा देश बन गया जहाँ प्रधानमन्त्री और राष्ट्रपति दोनों महिलाएँ हैं। अब ज़मीनी हक़ीक़त पर नज़र डालने से पहले उस रिपोर्ट का भी ज़िक्र कर लेते हैं जिसमें भारत को महिलाओं के लिए सबसे असुरक्षित बताया गया था।

2011 में एक रिपोर्ट आयी थी जिसमें कहा गया कि पूरी दुनिया में भारत महिलाओं के लिए सबसे ख़तरनाक और असुरक्षित देश है। थॉमसन रॉयटर्स फ़ाउंडेशन की ओर से जारी सर्वे में महिलाओं के प्रति यौन हिंसा, मानव तस्करी और यौन व्यापार में ढकेले जाने के आधार पर भारत को महिलाओं के लिए ख़तरनाक बताया गया। इस सर्वे के मुताबिक़ महिलाओं के मुद्दे पर युद्धग्रस्त अफ़ग़ानिस्तान और सीरिया क्रमश: दूसरे और तीसरे, सोमालिया चौथे और सऊदी अरब पाँचवें स्थान पर हैं। 550 विशेषज्ञों की मदद से किये गये इस सर्वे में महिलाओं के प्रति यौन हिंसा के ख़तरों के लिहाज़ से एकमात्र पश्चिमी देश अमेरिका है। इस सर्वे में 193 देशों को शामिल किया गया था, जिनमें से महिलाओं के लिए बदतर शीर्ष 10 देशों का चयन किया गया।

लेकिन एक सच ये भी है कि यूरोप में इटली, जर्मनी और ब्रिटेन वे देश हैं, जहाँ महिलाओं की सबसे अधिक हत्याएँ दर्ज होती हैं। एक रिपोर्ट के मुताबिक़ जनसंख्या के अनुपात में देखें तो यूरोप के छोटे देशों मोंटेनेग्रो, लातविया, लिथुआनिया, चेक गणराज्य, हंगरी, बोस्निया और क्रोएशिया में महिलाओं को मार डालने की घटनाओं का आँकड़ा इन तीन देशों से अधिक है। यानी लोगों को यह भ्रम ही है कि महिलाओं के साथ अत्याचार-बलात्कार भारत में ही होते हैं, यूरोप और जर्मनी में शायद ही कभी। लेकिन यूरोप में कोई ऐसा देश नहीं है, जहाँ महिलाओं के साथ जानलेवा हिंसा नहीं होती।

हमारे देश की आधी आबादी का प्रतिनिधित्व महिलाएँ करती हैं। इसका मतलब देश की उन्नति का आधा दारोमदार महिलाओं पर और आधा पुरुषों के कन्धे पर निर्भर करता है। हम अन्दाज़ा भी नहीं लगा सकते उस समय का जब इसी आधी जनसंख्या को वे मूलभूत अधिकार भी नहीं मिल पाते थे जिनकी वे हक़दार हैं। उन्हें अपनी ज़िन्दगी अपनी ख़ुशी से जीने की भी आज़ादी नहीं थी। जबकि नये ज़माने

की नारी ने समाज में पहले की तुलना में वो स्थान हासिल किया जिसे देखकर कोई भी आश्चर्यचकित रह जायेगा। आज महिलाएँ एक सफल समाज सुधारक, उद्यमी, प्रशासनिक सेवक, सम्पादक, राजनयिक हैं।

महिलाओं की ये स्थिति बताती है कि दूसरे विकासशील देशों की तुलना में हमारे देश में महिलाएँ कुछ बेहतर हैं। आज के इस प्रतिस्पर्धात्मक युग में महिलाएँ अपने अधिकारों के प्रति पहले से अधिक सचेत हैं। महिलाएँ अब अपनी पेशेवर ज़िन्दगी (सामाजिक, राजनीतिक, आर्थिक) को लेकर अधिक जागरूक हैं जिससे वे अपने परिवार और रोज़मर्रा की दिनचर्या से जुड़े खर्चों का निर्वाह आसानी से कर सके। बावजूद इसके समाज का एक कोना ऐसा भी है जहाँ महिलाएँ अब भी सामान से ज़्यादा कुछ नहीं हैं। यह किताब उसी कोने की पड़ताल है, जहाँ पति के इशारे पर उसकी पत्नी खाने के प्लेट की तरह अलग-अलग टेबल पर परोसी जा रही है। तब तक, जब तक कि वह टूट न जाये।

अनुक्रम

वाइफ़ स्वॉपिंग

यूँ तो रोज़ शाम होती है लेकिन आज की शाम कुछ अजीब-सा एहसास दे रही है। सोच रही हूँ क्यूँ, मेरा पसन्दीदा कॉफ़ी का कप हाथ में है और वह कुर्सी जहाँ मुझे बैठना बेहद पसन्द है। नोएडा के सेक्टर 18 की यह कॉफ़ी शॉप मुझे सुकून देती है लेकिन शाम के 5 बज चुके हैं और अँधेरा हो चुका है अरे भई! जनवरी का पहला हफ़्ता है, सूरज ढल चुका है। शाम को एहसास कर ही रही थी, कि इसी बीच तीन गाड़ियाँ आकर रुकीं। हर गाड़ी से एक कपल निकला और कॉफ़ी शॉप पर आकर बैठ गये। मुझे ये लोग वैसे साधारण नहीं दिख रहे जैसे यहाँ औरों को दिख रहे होंगे। चारों कपल बेहद सौम्य और सुन्दर दिख रहे हैं, महिलाओं ने सूट पहना है, उस पर कोट लिया है। किसी ने शॉल ले रखी है। मेरे अलावा यहाँ कई लोग हैं लेकिन मेरी नज़र उनसे नहीं हट रही। और माफ़ कीजिए मैं यह बताना भूल गयी कि मेरे साथ मेरे एक दोस्त बैठे हैं, जो थोड़ी देर पहले मिले। अपनी माँ के साथ बाज़ार आये थे, मुझे मिले तो मैंने कॉफ़ी पर बुला लिया। लेकिन बुलाने का क्या फ़ायदा मेरा दिमाग़ तो कहीं और व्यस्त हो गया है, अरे ये लोग मुझे बहुत कुछ याद दिला देते हैं और वर्तमान भुला देते हैं। यूँ तो पति-पत्नी अक्सर बाहर निकलते हैं और लोगों से मिलते भी हैं लेकिन मुझे ये सब कुछ साधारण क्यों नहीं लगता। क्यों मेरे मन में वो तमाम ख़याल आने लगते हैं जिसमें दिमाग़ कहता है कि ये पति-पत्नी साथ आये तो हैं लेकिन साथ जायेंगे नहीं। काश कि मैं भी बाक़ी लोगों की तरह इन पति-पत्नियों को साधारण तरीक़े से देख पाती। अभी ये लोग मेरे सामने बैठे कॉफ़ी पी रहे थे, उनकी टेबल थोड़ी-सी दूर थी लेकिन मेरी नज़र उन्हीं पर लगी थी। ये मेरे साथ पहली बार नहीं हो रहा था। मुझे याद है साल 2005 जब मैं इसी कॉफ़ी शॉप में बैठी थी और मैंने इसी तरह कुछ कपल्स को कॉफ़ी शॉप पर आते देखा और मैंने

अपने दोस्तों से ये शर्त लगायी कि ये साथ में वापस नहीं जायेंगे तो मुझे याद है तब तो कोई मेरी बात पर यक़ीन नहीं कर रहा था लेकिन हुआ वही था जो मैंने कहा था। कोई भी पति-पत्नी जो साथ आये थे वो साथ नहीं गये। शायद 15 साल पुरानी वही बात मुझे याद आ गयी है, लेकिन अभी ऐसा हो रहा है कि शायद ये भी साथ ना जायें लेकिन ज़रूरी नहीं, कई साल हो चुके हैं अब मेरी वह सोच सही निकले यह ज़रूरी नहीं। फिर भी मेरी आँखों के सामने से 15 साल पहले की मेरी वो स्टोरी सामने आ जाती है जो सच थी और ऐसा सच जिसे अक्सर हमारा समाज देखना नहीं चाहता।

यह कहानी एक ऐसे समाज की है जिसका सच जानने के बाद ऐसा लगता है कि यह क्या हो रहा है। हम कहाँ जा रहे हैं और आने वाली पीढ़ी के लिए क्या छोड़ रहे हैं। यह काल्पनिक बातें नहीं बल्कि एक सच है जो अपनी आँखों से देखा और कानों से सुना है। इसलिए यक़ीन नहीं होता लेकिन अब यक़ीन करना पड़ रहा है। मुझे लगता है कि समाज के अनछुए पहलू को आप भी समझें और जानें। अक्सर कहा जाता है कि उपन्यास काल्पनिक होता है लेकिन यह उपन्यास काल्पनिक नहीं बल्कि एक हक़ीक़त को बयाँ करती समाज की तस्वीर है। नाम भले ही काल्पनिक हों लेकिन उनके चरित्र असली हैं। इसलिए परत-दर-परत जब इसकी तह में जायेंगे तो कई घिनौनी हरक़तों से सामना होता है। स्टिंग की दुनिया अलग होती है जिसमें हम कई तरह के किरदारों का पर्दाफ़ाश करते हैं लेकिन नये तरह के स्टिंग में एक नये तरह के किरदार का पर्दाफ़ाश हुआ है।

'वाइफ़ स्वॉपिंग' यानी पत्नियों की अदला-बदली, यह पश्चिमी संस्कृति का हिस्सा तो हो सकती है लेकिन भारतीय संस्कृति में इसको मान्यता नहीं दी जा सकती है। फिर भी हम यह कह सकते हैं कि भारतीय समाज का उच्च वर्ग इसकी गिरफ़्त में आ चुका है लेकिन समाज का एक ऐसा वर्ग भी गिरफ़्त में होगा इसकी कल्पना नहीं की थी। इन्सानों का स्वार्थी होना एक फ़ितरत हो सकती है लेकिन विवाह की गरिमा को ताक पर रखकर कोई व्यक्ति कैसे आत्मिक सन्तुष्टि हासिल कर सकता है यह विषय ज़रूर चौंकाने वाला है।

दुनिया के कई देशों से इस तरह की ख़बरें भी आयी हैं कि 'वाइफ़ स्वॉपिंग' के कारण अधिकांश परिवारों का जीवन ख़ुशहाल हो गया। लेकिन इस ख़ुशहाली में इन परिवारों की आने वाली पीढ़ी की ख़ुशहाली शामिल है या नहीं यह ज़रूर चिन्ता का विषय है। उदाहरण के तौर पर एक दम्पती ने कहा कि उन्हें इस कृत्य से जो आनन्द मिलता है वह अपनी बेटी को इसमें शामिल होने के लिए कहेंगे। लेकिन सवाल यह है कि क्या बेटी माता-पिता के कृत्य को स्वीकार करेगी यह उन्होंने सोचा। तेरी पत्नी

मेरी पत्नी, मेरी पत्नी तेरी का यह जो खेल है उस खेल में दम्पती क्या महसूस करते हैं यही इस पुस्तक का कथानक है।

मैं एक खोजी पत्रकार हूँ, कुछ-न-कुछ खोजना फ़ितरत में है इसलिए सोचा कुछ सालों पहले एक स्टोरी की थी उससे जुड़े लोग अब क्या कर रहे हैं, यह पता करूँ, मेरी जानकारी में आया कि वो लोग आज भी साथ हैं। कौन हैं ये लोग और मुझे इनकी तलाश क्यूँ हुई...बताऊँगी आपको लेकिन उसके लिए कुछ सालों पहले मेरे साथ आपको भी वो सब जानना होगा जो हमारे भारत का वो चेहरा है जिसे देखने से और दिखाने से लोग हिचकते हैं लेकिन देखना तो पड़ेगा क्योंकि शायद आप इस समाज के उस चेहरे को समझने में मेरी मदद कर सकें

'स्टिंग ऑपरेशन' शब्द आप सभी जानते हैं। जी हाँ क्योंकि इसी शब्द ने खलबली मचा दी थी पूरे देश में जब नेता हो या अभिनेता या फिर वो हों समाज के ठेकेदार सभी को बेपर्दा कर दिया गया था पूरे देश की जनता के सामने। सुनने में भी उस शब्द में काफ़ी दम लगता है स्टिंग ऑपरेशन।

जी जैसा आपने भी सोचा होगा की स्टिंग ऑपरेशन कैसे होता है। कौन करता है। दोगले चेहरों को बेपर्दा करने वालों का चेहरा कैसा है कितनी हिम्मत है उनमें ये सब जानने की जिज्ञासा तो होती ही है। मुझे भी थी तब तक जब तक मैंने ख़ुद कोई स्टिंग नहीं किया था। 'स्टिंग यानी डंक' ये ख़बर के दौर में बड़ी क्रान्ति है इस क्रान्ति में कई क्रान्तिकारी हैं और उसी से प्रभावित होकर मैंने भी शुरू किया 'स्टिंग ऑपरेशन'। मैं बचपन में काफ़ी चुप रहती थी लेकिन जब भी आज़ादी के वक़्त की कोई फ़िल्म देखती या बातें सुनती तो यह सोचकर बुरा लगता था कि क्रान्तिकारियों ने कितनी तकलीफ़ सही होगी। और बड़े होते-होते ऐसे विचार होने की वजह से मैं काफ़ी निडर हो गयी। किसी से डर नहीं लगता। 'बस मेरे क़दम सही हों सच हो' फिर कोई भी हो सामना कर सकती हूँ। ऐसे विचार मन में लेकर पत्रकारिता में आयी और यही विचार ले गये मुझे स्टिंग ऑपरेशन की ओर। जब भी कोई स्टिंग टीवी पर देखा तो दिल से आवाज़ निकलती 'वाह' ऐसे ही पत्रकारों की ज़रूरत है आज मीडिया को। मैं ज़्यादा दिन इस खोजी पत्रकारिता से दूर नहीं रह सकी। दिमाग़ की तेज़ी, शातिर नज़र और सही सच्ची जानकारी। अरे इसके अलावा ज़रूरत है एक अच्छे अभिनेता की, मेरा मतलब ये सब तो पहला क़दम है स्टिंग का। मैंने जब पहला स्टिंग किया तो उस वक़्त महिला पत्रकार इस तरह काम करती नहीं दिखती थीं इसलिए हौसला बहुत ज़रूरी था। मेरे साथ और लड़कियाँ थीं जो पीछे हट गयी थीं ऐसी ख़तरनाक ख़बर से। ख़ैर, पहले स्टिंग में जान निकली हुई थी, हाथ-पैर

काँप रहे थे लेकिन ऐसे में मुझे मेरी माँ ने समझाया हर शख़्स अपने काम को पूरी ईमानदारी से करे यही उसका कर्तव्य है। माँ के से शब्दों से काफ़ी हिम्मत बँधी और फिर शुरू हुआ स्टिंग करने का सिलसिला। ऐसे लगता था कि मैं एक मिशन पर हूँ, ज़रा-सी भी चूक नहीं होनी चाहिए।

अब मैं आपको बताती हूँ वह जिससे जो मैंने अनुभव लिए स्टिंग के दौरान समाज का ऐसा चेहरा जो मुझे इस ख़बर के दौरान दिखा वरना तो पता ही नहीं चलता कि सशक्त भारत के उस समाज का जहाँ औरतें चूल्हा-चौका करती हैं, वहाँ की मानसिकता दलदल की तरह बदबूदार हो चुकी है। जी हाँ, इन लोगों से मिलने पर मैं उतनी ही हैरान थी जितना अब आप होंगे पढ़ने पर। मैंने शुरू किया एक स्टिंग जो कि न तो किसी नेता पर था ना ही अभिनेता पर, ये स्टिंग किसी घोटाले का पर्दाफ़ाश की हक़ीक़त जैसा नहीं था। यह है हमारे और आपके जैसे लोगों पर। ये लोग उसी समाज का हिस्सा हैं जिसमें हम भी रहते हैं लेकिन हम कभी ये नहीं समझ सकते कि ये हमसे कितने अलग हैं। इनके विचार क्या हैं? इसका मतलब हमें एहसास भी नहीं। आम लोगों की तरह दिखने वाले बातें करने वाले इन लोगों को समझना बहुत ही मुश्किल है। मुश्किल इसलिए क्योंकि इन्होंने हमारे बीच एक ऐसा समाज खड़ा कर दिया है जो हमारी सोच से कई कोस दूर है। यह उन परिवारों की बात है जो निम्न मध्यवर्गीय से हैं जिन्हें महीने का ख़र्चा मिलता है। उससे वो परिवार का भरण-पोषण करते हैं। ये कम्प्यूटर तक चलाना नहीं जानते। इनकी घरों की औरतें सुबह-शाम रसोई में खाना पकाती हैं। उन्हें बाल सँवारने तक की फुरसत नहीं मिलती कभी-कभी। ये औरतें करवाचौथ का व्रत्त पूरे विधि-विधान से करती हैं। बच्चों को सोने से पहले दूध पिलाती हैं, ताकि उनके बच्चों की सेहत ठीक रहे। यह समझती हैं कि परिवार का ध्यान रखना और पति और बच्चों की ज़रूरत पूरी करना ही इनकी ज़िन्दगी है। इनके लिए ये औरतें अपनी पूरी ज़िन्दगी गुज़ार देती हैं, जहाँ 21वीं सदी की औरतें घर से बाहर निकल कर पैसे कमा रही हैं। आदमी के क़दमों से आगे क़दम बढ़ा रही हैं, वहीं उन परिवारों की औरतें, जिनसे मैं मिली वे न तो घर से बाहर जाती हैं और न ही कमाती हैं। बस उन्हें यही समझ आता है कि मेरे परिवार में ख़ुशी रहे, फिर चाहे उस ख़ुशी के लिए उन्हें अपने पति के सामने ही किसी और शख़्स के लिए अपनी शर्म-लिहाज़ छोड़कर हमबिस्तर ही क्यों न होना पड़े। अपनी इज़्ज़त अपने पति की ख़ातिर दूसरे आदमी के हाथों में क्यों ना देनी पड़े। ऐसे में किसी भी औरत की आह सिसक-सिसक कर दम तोड़ देगी। लेकिन ये औरतें कुछ अलग हैं। ये जान नहीं देती हैं। ये वाइफ़ स्वॉपिंग करती हैं। शायद

कुछ लोगों को इस शब्द का मलतब न पता हो मुझे भी नहीं पता था। इस स्टिंग से पहले। वाइफ़ स्वॉपिंग यानी अपनी पत्नी को बदल देना दूसरे की पत्नी के साथ चाहे वह कुछ घण्टों के लिए हो, रात भर के लिए हो या फिर कई दिनों के लिए। यह बात बहुत ही अजीब है। शर्मसार करने वाली है। लेकिन सच है। हमारे इस समाज में जहाँ एक औरत पति के साथ सात फेरे लेकर उसकी हो जाती है, अपने परिवार को छोड़कर चली आती है। वहीं उसका पति उससे बोर हो जाता है, उससे उकता जाता है। वह न सिर्फ़ पत्नी के सामने दूसरी महिला के साथ होता है और अपनी पत्नी को दूसरे अनजान शख़्स के पास गिरवी रखकर अपना मनोरंजन करता है और वह बीवी अपने पति के कहने पर ये सब चुपचाप करती है, बच्चों से छिपाती है। यहाँ तक कि अपनी ससुराल के बाक़ी सदस्यों को भी पता नहीं लगने देती कि वह किस दलदल में फँसी है और किसकी वजह से। भारत का गहना हैं, भारत की महिलाएँ, लेकिन यहाँ यह तो कुछ और ही है।

जब मैं यह स्टोरी कर रही थी तब कुछ ऐसी कहानियाँ याद आ गयीं, जो महिलाओं के इर्द-गिर्द की हैं और अलग-अलग तरह की मिसाल देती हैं। जैसे– 'नंगेली की कहानी'। नंगेली की कहानी सिर्फ़ किताबी नहीं है, बल्कि सच है। केरल में नंगेली की मिसाल आज भी दी जाती है। नंगेली के पति ने नंगेली के साथ अपनी जान दे दी थी। आइए जानते हैं 'नंगेली की कहानी' के बारे में।

नंगेली की कहानी

नंगेली (Nangeli) एड़वा समुदाय की महिला थी। वह त्रावणकोर के चेरथला (Cherthala) में रहती थी। नंगेली चिरुकन्दन (Chirukandan) से विवाहित थी। नंगेली ने राजा का आदेश न मानते हुए अपनी छाती ढँकना शुरू किया। समुदाय की अन्य महिलाएँ जानती थीं कि नंगेली को इस करनी की सज़ा मिलेगी। क्षेत्र के आला अधिकारियों को नंगेली के काण्ड की सूचना मिली। प्रवतियार (ग्रामाधिकारी) नंगेली के घर पहुँचे और नंगेली को स्तन न ढँकने को कहा और स्तन कर माँगा। नंगेली टस-से-मस नहीं हुई। अपनी शक्ति का प्रदर्शन करते हुए ग्रामाधिकारियों ने नंगेली की छाती से कपड़ा हटा दिया। नंगेली इस अपमान को सह न सकी और अगले ही क्षण उसने हँसिये से अपने स्तन काट डाले, एक पत्ते पर रखा और अधिकारियों से कहा, "तुम्हें यही चाहिए था ना, ये लो।"

नंगेली का काफ़ी ख़ून बह गया था और उसकी कुछ ही देर में मौत हो गयी। नंगेली के पति चिरुकन्दन ने भी नंगेली की ही चिता पर कूदकर अपनी जान दे दी। नंगेली की क़ुर्बानी ने विरोध की ज्वाला जगा दी और पूरे क्षेत्र में स्तन ढँकने के अधिकार की क्रान्ति (Channar Mutiny) शुरू हो गयी। त्रावणकोर के राजा को यह कर हटाना पड़ा। लेकिन क्या इस तरह की कहानियों का उदाहरण देना यहाँ ठीक है या नहीं मैं नहीं जानती क्योंकि हर महिला की अपनी इच्छा है।

किसी औरत का उसकी पसन्द से दूसरी औरत के चरित्र से मुक़ाबला तो शायद सही नहीं, क्योंकि जब तक उस औरत की कहानी नहीं जान लेते उसकी असल वजह सामने नहीं आती है। अक्सर हम औरत के एक से ज़्यादा सम्बन्ध के बारे में यही सोचते हैं कि कोई वजह होगी या औरत की पसन्द होगी तो कभी उसे मजबूर का नाम दे देते हैं, लेकिन कभी ये नहीं सोचते की 16वीं सदी के भारत की तस्वीर कुछ वैसी थी जैसी आज बिल्कुल नहीं। आज मैं जब उन महिलाओं से मिलने जा रही हूँ, जो अपने पति के अलावा दूसरे से भी शरीरिक रिश्ता बना रही हैं, वह भी

अपने पति की मर्ज़ी से। यहाँ सवाल मेरे दिमाग़ का भी है, जो ऐसी किसी प्रथा को स्वीकार नहीं करता है। जो ये मानने को भी तैयार नहीं कि कोई महिला अपने बच्चों के पिता के सामने किसी के भी साथ बड़े ही पारम्परिक तरीक़े से शारीरिक सम्बन्ध बना लेती है। लेकिन रिश्ता पति से ही रखती है। आप किसी निर्णय पर नहीं जायेंगे क्योंकि अभी आप इन महिलाओं को नहीं जानते हैं। ये कोई बड़े तबके की हाई-फाई महिला नहीं हैं। ये भारतीय संस्कृति का आईना हैं।

सोनीपत की नीलम

अब मुझे जो याद आ रहा है कि 2005 की मई की गर्मी, जब मैंने वाइफ़ स्वॉपिंग की स्टोरी पर काम शुरू किया। वैसे तो इस बारे में चर्चा करना कुछ नया नहीं था, लेकिन मेरा मकसद मेट्रो शहर की औरतों से मिलना था। मैं तो उनसे मिलना चाहती थी, जो दिल्ली, मुम्बई जैसे शहरों की जीवनशैली से कोसों दूर हों। इसलिए मैंने कम्प्यूटर का सहारा नहीं लिया। ऐसे परिवारों को ढूँढ़ना मुश्किल था। दूर-दराज के गाँवों में ऐसा हो रहा था, यह जानना भी मुश्किल था। कोई ऐसा नेटवर्क काम कर रहा है, यह भी नहीं मालूम था। ख़ास बात यह थी कि मन में कुछ ढूँढ़ने की ललक थी, जो मेरे भी होश उड़ा दे। इसलिए काम शुरू किया फ़ोन के सहारे। मैंने सिर्फ़ फ़ोन का ही इस्तेमाल किया ऐसे जोड़ों से मिलने के लिए। बतौर रिपोर्टर मिलना नामुमकिन था तो मैंने शुरू किया 'वाइफ़ स्वॉपिंग क्लब–3000 रुपये देकर सदस्य बनिए'। अनगिनत जोड़ों से मुलाक़ात। ऐसा ही कुछ होता है स्वॉपिंग के बाज़ार में। इसलिए यह सबसे सुरक्षित और बेहतर हथियार था। बतौर महिला मेरे ख़ुद के लिए सुरक्षित होना काफ़ी ज़रूरी था। स्टिंग करना यानी जिस शख़्स से आप मिलने जा रहे हैं, उसे नहीं मालूम कि आप रिपोर्टर हैं। उसकी नज़र में आप वही हैं जो आपने ख़ुद का परिचय दिया है। अचानक कोई परेशानी आ जाये तो ज़िम्मेदारी मेरी ख़ुद की है। इसीलिए पहले ख़ुद की सुरक्षा है। स्टोरी तो तभी होगी जब मैं सुरक्षित हूँ। जानना चाहती थी कि एक साधारण-सा समाज असाधारण-सा क्यों लगने लगता है। क्या होता है कि ये लोग अपनी मर्यादा पार कर जाते हैं। मैंने पहली मुलाक़ात की एक ऐसे जोड़े से जो देखने में क़रीबन 45 साल की उम्र पार कर रहा हो, लेकिन अदाएँ और ऊर्जा काफ़ी ज़्यादा नज़र आ रही थीं। ये लोग थे मेरी उम्र से दुगुने, लेकिन मैं इनके सामने एक क्लब ऑर्गेनाइज़र बनकर मिली। दोनों ने पूरी जानकारी ली। ऐसा लग रहा था मानो कोई बिज़नेसडील हो रही हो, काफ़ी प्रोफ़ेशनल सिस्टम

था क्योंकि ये कपल दिल्ली-एनसीआर (नोएडा सेक्टर 18) का था, जो स्टाइल को अपना स्टैंडर्ड समझते हैं इसलिए दोनों ने ड्रिंक ही ऑर्डर किया। मैं उनके सामने बच्ची न दिखूँ इसलिए साड़ी पहनकर गयी जो सँभाल पाना काफ़ी मुश्किल लग रहा था। ख़ैर! मेरे साथ उस शूट पर मेरे चैनल के बॉस भी थे, वो देखना चाहते कि कैसे समाज में ऐसे लोग ख़ुद का परिचय देते हैं कि वो स्वॉपिंग करते हैं। ख़ैर शूट ख़त्म हुआ। मैं ख़ुश थी क्योंकि मेरा काम अच्छी शुरुआत से हो रहा था। अभी मुझे काफ़ी हैरानी नहीं हुई। दिमाग़ में यही था कि मैंने अच्छा काम किया। बॉस काफ़ी हैरान हुए ऐसे लोगों से मिलकर। मुझे याद है, उन्होंने कहा, "तुम बस ऐसे लोगों को ढूँढ़ना शुरू कर दो देखना लोग जब तक देखेंगे तो ऐसे ही हैरान हो जायेंगे।" तब मैंने सोचा कि ये लोग इतने अलग क्यों हैं। मन अचानक जैसे शून्य में जाने लगा मुझे उस पल ऐसा लगा कि मैंने कुछ ऐसा किया है जो शायद मैंने सोचा भी नहीं होगा ज़िन्दगी में, मैं ऐसे लोगों से मिलकर आयी हूँ जो अपनी बीवी को प्यार का दिखावा कर उसके सामने उसे एक ऐसी मण्डी में ले जाते हैं, जहाँ उसके दाम नहीं बल्कि बिना दाम दिये पति को मिल जाती है एक औरत उसकी पत्नी के बदले में। मैंने ऐसी दुनिया नहीं देखी थी। इसलिए घण्टों सोचती रही कि क्या कोई पति वाक़ई अपनी बीवी-अपने बच्चों की माँ को किसी और मर्द के हाथों में दे सकता है, वो भी बड़े ही प्रोफ़ेशनल सिस्टम में। जहाँ स्टिंग करने में डर लगता है, वहीं उत्सुकता होने लगी ऐसे लोगों से मिलने की। अब डर शायद इसलिए नहीं लग रहा ता क्योंकि ये आम लोग थे। कोई डॉन नहीं। बल्कि मेरी सच्चाई जानकर ये ज़रूर डर जाते।

कैसे मैं शूट कर पाऊँगी इन लोगों को एक कैमरा उनके सामने होगा लेकिन उन्हें दिखेगा नहीं वो मुझे सँभालना है कि शूट भी हो जाये और इन लोगों से मुलाक़ात सामान्य भी दिखे।

कभी-कभी चिन्ता होती जो बाइट यानी रिकार्डिंग मुझे चाहिए, उस वक़्त कैमरे की मैमोरी ख़त्म न हो जाये या बैटरी न चली जाये–दरअसल आधे घण्टे तक तो इन लोगों की बात शुरू होने में ही वक़्त लग जाता था, इसलिए पहले से ही इन्तज़ाम करना होता था। ऐसी जगह मिलने का, जहाँ कैमरे की बैटरी को बदला जा सके या फुटेज को अपलोड करना आसान हो।

इस दौरान जिस पति-पत्नी से मिलने पर मैं सबसे ज़्यादा हैरान थी और ख़ुश भी, मैं आपको उनसे मिलवाती हूँ। मैं अपने दोस्तों यानी अपनी टीम के साथ काम कर रही थी कि अचानक मेरे पास अलवर में रहने वाले शख़्स का फ़ोन आया। यह

भी स्वॉपिंग नेटवर्क का अच्छा हिस्सा था। उसने मुझे एक नम्बर दिया। यह मोबाइल नम्बर था सोनीपत (हरियाणा) के एक जोड़े का। बताया गया कि पति एक सरकारी स्कूल में मास्टर है और पत्नी भी पहले पढ़ाती थी, लेकिन अभी घर पर है क्योंकि वह गर्भवती है। छह महीने हो चुके हैं। मैं तो जैसे क्या कह पाती, विश्वास ही नहीं हुआ कि एक गर्भवती औरत ऐसे वक़्त में वाइफ़ स्वॉपिंग की बात कैसे कर पायेगी।

ख़ैर! मैंने हिम्मत करके उस मोबाइल नम्बर पर कॉल किया, जो सुनीता (परिवर्तित) नाम की महिला ने उठाया। मैंने अपना भी नाम बदलकर सिमरन बताया और कहा–

सिमरन : हैलो! सुनीता

सुनीता : कौन बोल रहा है?

सिमरन : जी मैं दिल्ली से बोल रही हूँ। आपका नम्बर अलवर के मि. अग्रवाल ने दिया है। मेरा दरअसल एक स्वॉपिंग क्लब है और उसके कई लोग सदस्य हैं। क्या आप... (मेरा इतना कहते ही सुनीता की आवाज़ जैसे बेहद आकर्षित करने लगी, क्योंकि वो आवाज़ चहक रही थी)।

सुनीता : जी ज़रूर आप दिल्ली में रहती हैं। आप आइए ना हमारे यहाँ (अचानक मैं शून्य हो गयी। वो तो ख़ुद मुझे अपने घर बुला रही थी)।

सिमरन : मैं ज़रूर आना चाहती हूँ, लेकिन कुछ बातें पूछना चाहती हूँ उससे पहले।

सुनीता : पूछिए।

सिमरन : आपकी उम्र और आपके पति क्या करते हैं? कहाँ रहते हैं आप?

सुनीता : मैं 32 साल की हूँ और मेरे पति टीचर हैं। हमारी दो बेटियाँ हैं। एक बेटी 10 साल की और छोटी बेटी 4 साल की है। आप आइए हमारे घर।

सिमरन : कहाँ है आपका घर सोनीपत में?

सुनीता : आप जब आयें तो फ़ोन कर देना मेरे पति लेने आ जायेंगे।

सिमरन : ठीक है हम कल आयेंगे शायद।

सुनीता : बहुत अच्छा।

सिमरन : यह मेरा नम्बर है।

सुनीता : रुकिए! कुछ कहना ज़रूरी है। आप जब हमारे घर आयें तो...(वो कुछ देर के लिए रुकी फिर बोली) क्या आप जींस पहनती हैं?

सिमरन : हाँ! क्यों?

सुनीता : वो हमारा माहौल कुछ अलग है। जब आप आयें तो प्लीज़ जींस नहीं, शूट में आना। कुछ शूट में आना, क्योंकि यहाँ के लोग कुछ ग़लत सोच सकते है। ये लोग बैकवर्ड हैं ना किसी को जींस पहने मॉडर्न देखेंगे तो सौ सवाल करेंगे। कौन आया था? वो कौन थी? ठीक, आप समझ रही हैं ना।

सिमरन : जी कोई बात नहीं मैं सलवार-क़मीज़ में ही आऊँगी। चलिए! फिर कल मिलते हैं।

सुनीता : ओके बाय।

जब मैं सुनीता से बात कर रही थी, तब सोचा नहीं था कि इतनी आसानी से बात हो जायेगी। एक ख़ास बात जब मेरी सुनीता से बात हो रही थी, उस वक़्त उसका पति वहीं था। उसने बताया। उसी के कहने पर वो सारी बात कर रही थी।

मैं एक पत्रकार होने के नाते काफ़ी ख़ुश थी, जो ख़बर मैं ढूँढ़ रही थी, वह काफ़ी नज़दीक दिखाई दे रही थी। साथ एक ख़याल मन में था कि यह सचमुच में है या कहीं झूठ तो नहीं, कि ये पति-पत्नी न हों। सोचा–देखा जायेगा एक बार उन से मिलूँ तो सही। जब भी किसी से मिलना होता था, तब फ़ोन पर बात होने के बाद शुरू हो जाती थी, सारी प्लानिंग कि आगे क्या करना है।

ये सब मैं ख़ुद प्लान करती थी। सो मैंने सोचा इनसे मिलने के लिए अपने साथ एक ऐसे जोड़े को लेकर जाना होगा जिससे इन्हें यक़ीन हो जाये कि मैं सच में कोई स्वॉपिंग क्लब की मालकिन हूँ। अपने साथ मैंने एक पार्टनर बनाया जो क्लब का हिस्सेदार है। ऐसा सब इसलिए ज़रूरी था क्योंकि मैं इस जोड़े को दो कैमरों से शूट करना चाहती थी उससे ज़्यादा इस तरह की प्लानिंग से कोई हम पर शक नहीं करेगा। मैं किसी तरह का चांस नहीं लेना चाहती थी जो चूक जाये।

मैंने एक जोड़े को तैयार किया सोनीपत चलने के लिए। ये पति-पत्नी तो नहीं थे लेकिन मेरी टीम के सदस्य ज़रूर थे जो मेरे साथ काम कर रहे थे। मैंने उन्हें एक्टिंग कैसे करनी है समझाया। ऐसा लग रहा था, जैसे कोई फ़िल्म की डायरेक्टर बन गयी हूँ। मैंने दोनों को कहा कि उनकी शादी हो गयी है। लव मैरिज की कुछ साल हो गये हैं। शादी की और शुरू से ही दोनों मस्ती वाले इन्सान हैं। इसलिए क्लब के सदस्य बन गये थे काफ़ी पहले। और भी बहुत कुछ झूठी बातें याद करायीं जैसे शादी की तारीख़, घर का पता, नौकरी है या बिज़नेस।

दिल में काफ़ी उम्मीद थी, जैसे कोई ऐसी चीज़ की तलाश कर रही हूँ, जो मिलने पर मेरे होश उड़ा दे। जिसे देखकर मेरे पैरों से ज़मीन खिसक जाये। इससे कम में तसल्ली नहीं होगी।

जब भी मैं ऐसे किसी शूट पर जाती, तो झूठ तो बोलना ही पड़ता था। लेकिन अपनी आम ज़िन्दगी में मैं झूठ नहीं बोल सकती, इसलिए मन में अजीब-सी बेचैनी हो जाती थी कि ये लोग मुझ पर विश्वास करते हैं और मैं इनके सामने कोरा झूठ लेकर आती हूँ लेकिन फिर दूसरे पल ख़याल आता कि ये कर क्या रहे हैं, वो मैं जानती हूँ और जो ये लोग कर रहे हैं, वो ग़लत ही नहीं बल्कि गुनाह के बराबर है।

अपनी पत्नी को, अपने जीवनसाथी की आँखों के सामने ही ग़ैर के बिस्तर पर चली जाये, यह तो इतना भयानक है कि मेरे चन्द शब्द इनकी पोल खोलने के लिए या इनके गुनाह को बेपर्दा करने के लिए काफ़ी कम हैं। मेरा छोटा-सा झूठ इनके शर्मनाक कर्म के सामने कुछ नहीं।

ऐसा कुछ सोचकर आगे बढ़ती। ऐसा लगता यह जो मैंने करने की सोची है वो बिल्कुल सही है। वहीं मेरी टीम के एक सदस्य ने मुझे एक दिन यह समझाने की कोशिश की कि मुझे लोगों की निजी ज़िन्दगी के बीच ऐसे नहीं आना चाहिए। यह उनका तरीक़ा है ख़ुशियाँ पाने का। जब मैंने यह सुना तब ख़ुद को खँगालने की कोशिश की। क्या मेरा स्टिंग ऑपरेशन किसी परिवार को बर्बाद करने का मक़सद रखता है? क्या मैं अपने फ़ायदे के लिए किसी की ज़िन्दगी से खेल रही हूँ? तो मेरी अन्तरात्मा से जवाब आया नहीं मेरा ऐसा कोई मक़सद नहीं बल्कि मुझ में अगर कोई जोश है, तो उसकी वजह अपना नाम शुमार करना नहीं, बल्कि समाज के बीच फैली उस गन्दगी के सच को समाज के सामने लाना है जो मैं देख रही हूँ। समाज के ठेकेदार बनने वाले ये लोग कैसे अपनी बीवी को बिना किसी क़ीमत बेच रहे हैं। और क्यों वह पत्नी ऐसा कर रही है और अगर वह बीवी इसकी आदी हो चुकी है तो क्या ये एक साफ़-सुथरा समाज खड़ा कर सकते हैं? नहीं यह मेरा सोचना है। आप क्या सोचते हैं मैं नहीं कह सकती। लेकिन यह स्थिति आपको भी सोचने पर मजबूर कर देगी, जब आप इनकी पूरी सच्चाई जानेंगे।

इन सवालों-जवाबों को पार कर मैंने अपना शूट शुरू किया। मैंने ब्राउन कलर का ओवर कोट पहना था और शॉल से सर ढँक रखा था। जिससे सुनीता और उसके पति को पड़ोसी के सवालों का जवाब न देना पड़े। लेकिन जींस तो मैं पहन कर गयी थी, जबकि सुनीता ने मना किया था। मैं अपनी टीम के साथ वहाँ जा रही थी। हम चारों में उत्साह था। गाड़ी में ड्राइवर को मिलाकर हम पाँच लोग थे। ड्राइवर सुरेन्द्र हमारे साथ हर शूट पर जाता था, लेकिन उसे कभी समझ ही नहीं आया, हम किस स्टोरी पर काम कर रहे हैं। वो बस यह जानता था कि हम स्पाई कैम से शूट करते है। उसकी उम्र महज़ 18 साल थी। शायद इसीलिए वह स्वॉपिंग के बारे में

नहीं जानता था। वह पढ़ा-लिखा भी नहीं था, वक़्त पड़ने पर पूछता था, दीदी जो भी ख़ास कहना हो बता देना। उसका मतलब ड्राइव करने से था कि कब गाड़ी में कैमरे छिपाना है या गाड़ी की रफ़्तार तेज़ करनी है या कब हमसे मिलने वाले लोगों के सामने क्या एक्टिंग करनी है। उसे भी यह सब समझाना ज़रूरी था।

ख़ैर, दिल्ली से सोनीपत के लिए हम निकल चुके थे और इस सफ़र के दौरान मेरे मन में कई सवाल थे कि सुनीता कैसी औरत है? उसका पति कैसे बात करता है? उनकी छोटी बेटियाँ भी क्या उनके साथ होंगी? कई सवाल थे मन में, जिनका जवाब सोनीपत के गाँव में था। दोपहर 12 बजे का वक़्त था। हम पहुँचे सड़क के बीचोबीच खड़े एक पुतले के पास। सुनीता के पति ने हमें वहीं बुलाया था। चारों गाड़ी से उतर गये और कैमरा सेट करना शुरू किया। मैंने कैमरे से कुछ शॉट्स लिये उस गाँव के, क्योंकि वह गाँव कोई साधारण नहीं दिख रहा था मुझे। क्योंकि मैं वहाँ एक ऐसे परिवार से मिलने आयी थी, जो स्वॉपिंग जैसी बीमारी का शिकार हो चुका है। हमें ज़्यादा इन्तज़ार नहीं करना पड़ा। सुनीता का पति जल्दी ही वहाँ आ गया, वह स्कूटर पर आया था। उसने कहा आप गाड़ी में बैठिए। बाहर न आयें और मेरे पीछे चलें। उस शख़्स के चेहरे पर मुस्कराहट थी लेकिन साथ ही यह डर कि किसी को ज़रा भी यह शक न हो कि हम उनसे किस मक़सद के लिए मिलने आये हैं।

गलियों से ले जाते हुए उसने स्कूटर रोका और कहा आपको गाड़ी यहीं लगानी होगी। इससे आगे पैदल ही चलना होगा। हमने कहा पैदल जायेंगे तो...इतने में उसने कहा मैं आगे जा रहा हूँ, आप कुछ देर बाद पीछे आ जाना। ऐसा ही किया। हम जब गली से गुज़रे तो कुछ औरतें घागरा-चुन्नी पहने चारपाई पर बैठी हमें देख रही थीं। कुछ और क़दम आगे चले तो चार-पाँच भैंसें बँधी हुई थीं। ढेर सारा गोबर पड़ा था। बदबू काफ़ी थी, लेकिन माहौल घुटन भरा नहीं था क्योंकि हवा साफ़ और काफ़ी तेज़ थी तो बदबू का एहसास कुछ मिनटों में ग़ायब हो गया। फिर ठीक सामने कुछ सीढ़ियाँ जा रही थीं। जिन पर एक रस्सी बँधी थी। दरअसल उस रस्सी को पकड़कर ही ऊपर जाना था। दरवाज़ा बन्द था। हमने दरवाज़ा खटखटाया तो सामने से जब दरवाज़ा खुला तब एक ख़ूबसूरत-सी मुस्कान दिखी। यह सुनीता थी। सुनीता ने लाल रंग की शॉल लपेट रखी थी। बालों की सीधी चोटी बना रखी थी। सूट-सलवार पहन रखा था।

उसने कहा, अन्दर आइए।

मैं और मेरी टीम अन्दर आ गयी जिस कमरे में हम घुसे वहाँ एक डबल बेड था। सामने रसोई थी। उसके उलटे हाथ की ओर एक और कमरा था, जहाँ हमें बिठाया गया। वहाँ दीवार पर एक ब्लैक बोर्ड टँगा था। कुछ कुर्सियाँ रखी थीं।

मैंने सवाल किया, यह ब्लैक बोर्ड? तो सुनीता बोली कोमल के पापा मास्टर हैं न तो बच्चों को घर पर ट्यूशन देते हैं।

मैंने फिर सवाल किया—कौन-सी क्लास? इस बार सुनीता का पति बोला 11 वीं-12वीं क्लास तक।

उसी कमरे में दो और चारपाई रखी थीं, फिर सुनीता की बड़ी बेटी जो 11 साल की थी वह हमारे लिए स्टील की ट्रे में चार स्टील के गिलास में पानी लेकर आयी। फिर पानी पीने के बाद सुनीता के पति ने अपनी बेटी से कहा कि अपनी चार साल की बहन को लेकर खेलने चली जाये। फिर मैंने पूछा बच्चों को क्यों भेजा खेलने देते यहीं। मैंने जानबूझकर ऐसा सवाल किया।

तो सुनीता ने कहा अब कोमल भी बड़ी हो रही है और साक्षी तो छोटी है लेकिन ठीक नहीं बच्चों का यह सब सुनना।

मैंने कहा, क्यों?

सुनीता बोली, बच्चों को थोड़े ही बता सकते हैं कुछ।

उस वक़्त दोनों के चेहरे पर शर्म थी, लेकिन सुनीता का चेहरा थोड़ा मुस्करा रहा था। जैसे वह मुस्कराहट उस शर्म पर चादर डाल रही हो लेकिन वह इसे छिपा न सकी।

मैं हैरान थी क्योंकि यह एक ऐसा परिवार था, जो बेहद आम ज़िन्दगी जीता है। जहाँ भारतीय परम्पराओं को ज़िन्दा रखना वे अपना कर्तव्य समझते हैं। परम्परा जैसे त्योहार को पूरी श्रद्धा के साथ मनाना, पूरे विधि-विधान से करना, ताकि कोई ग़लती न हो जाये। कोई छोटी-सी ग़लती को अपशकुन समझना, दिन-रात परिवार को समाज की सीमाओं से अवगत कराना। समाज, यह शब्द इनके लिए काफ़ी मायने रखता है। समाज में इज़्ज़त होना इनके लिए साँस लेने के लिए बराबर है। अगर समाज इन्हें कोसने लगे तो ये आत्महत्या जैसे क़दम तक पहुँच जाते हैं। फिर मैंने सोचा कि कैसे ये दोनों ज़िन्दगी जी रहे हैं। एक तरफ़ समाज के सामने पाक-साफ़ चेहरा तो दूसरी ओर स्वॉपिंग जैसे नेटवर्क का हिस्सा बनना। अपनी बीवी को जिस्म की मण्डी में ले जाना, यह सब क्या है? मैं जैसे गहरी सोच में चली जाती, न जाने कितने सवाल मन में आते। जिनके जवाब-सवाल मन में आते। जिनके जवाब ढूँढ़ने के लिए मैं ख़ुद को रोक नहीं पाती। मेरी तो हैरानी की सीमाएँ तब टूट गयीं जब मैंने देखा ज़रा-सा सुनीता का शॉल पेट से हटा और साफ़ दिखा कि सुनीता गर्भवती है, तो मैंने पूछ ही लिया कि कितने महीने।

सुनीता : सात महीने।

सिमरन : आप प्रेगनेंट हैं और हमसे मुलाक़ात...हमें नहीं आना चाहिए था। सॉरी।

सुनीता : नहीं-नहीं हमारे साथ ऐसा कुछ नहीं है। सोशल में तो होता है न मिलना-जुलना।

सिमरन : लेकिन ऐसे में तो...

सुनीता : नहीं-नहीं वो ज़्यादा कोई जैसे सेक्स तो नहीं कर सकती लेकिन थोड़ा-बहुत। ये शब्द मेरे मन को अन्दर तक कचोट गये कि यह औरत कितनी मजबूर है कि ऐसी अवस्था में भी इसे अपने पति की ख़ुशी के लिए एक पुतले की तरह आना पड़ रहा है।

आख़िर वक़्त अब और क्या-क्या दिखाने वाला है, मैं समझ नहीं पा रही थी। बतौर एक पत्रकार दिल में कहीं-न-कहीं भी था कि मैं एक ऐसी स्टोरी तक पहुँच चुकी हूँ, जो मुझे कामयाबी दे, लेकिन दूसरे ही पल उस औरत की मुस्कान मुझे तकलीफ़ देती कि यह औरत कैसे मुस्करा रही है। मैं उस दर्द को देखना चाहती थी। इसलिए मैंने उनसे और बातचीत शुरू की।

मैंने उन्हें बताया कि मेरे साथ जो एक और जोड़ा बैठा है, वो भी मेरे क्लब का सदस्य है और ख़ास उनसे मिलने आया है। दीक्षा मेरी टीम में थी और उसका पति बना था अरुण। इन दोनों को देखते ही सुशील के चेहरे पर काफ़ी ख़ुशी थी। अब ज़रा सुशील की बातों पर ग़ौर कीजिए जो सुनीता का पति है।

सुशील : आपको यहाँ थोड़ा अजीब लगा होगा? ये जगह थोड़ी पिछड़ी है। यहाँ लोगों को फ़ैशन पता ही नहीं। हम तो अपना घर बदलना चाहते हैं। दिल्ली में तो लोग एक-दूसरे से मतलब ही नहीं रखते। हम भी नहीं चाहते कि कोई हम पर नज़र रखे।

सुशील बातें करता ही जा रहा था...

हमारे यहाँ पहले किराये पर एक औरत रहती थी। उसके साथ धीरे-धीरे मेरे सम्बन्ध बने और फिर मैंने उसे अपनी पत्नी से मिलवाया। मैं चाहता था वह मेरी पत्नी के साथ सम्बन्ध बनाये। लेकिन थोड़े समय बाद उसने सारे में यह बात फैला दी। बड़ी मुश्किल से इस मामले को सँभाला। मेरे एक दोस्त हैं फ़िल्मों में काम करते हैं। डायरेक्टर हैं। वे आये कुछ लोगों के साथ तो यहाँ के मोहल्ले वाले उनसे सवाल पूछने लगे। बस हम तो जैसे परेशान ही हैं इन सबसे इसलिए कभी स्वॉपिंग के लिए किसी से मिलना हो तो उनके घर चले जाते हैं।

सिमरन : और बच्चे?

सुशील : बच्चों को साथ ले जाते हैं। दूसरे कमरे में सुला देते हैं।

मैं सुनीता को दूसरे कमरे में ले गयी बात करने के बहाने से।

सिमरन : सुनीता कैसे मतलब शुरुआत कैसे हुई?

सुनीता : मेरी शादी 18 साल की उम्र में हुई, तब बहुत छोटी थी। सब कुछ नया था। बहुत शर्मीली थी मैं, मुझे तो डर लगता था। इन्होंने (सुशील) धीरे-धीरे आदत डाली। पहले कुछ चिट्ठियाँ लिखते थे, ऐसी ही बातों पर फिर शादी के बाद कुछ फ़िल्में दिखानी शुरू कीं, वो क्या ब्लू फ़िल्में।

फिर ये एक किताब लाये BMADS। इन्होंने बताया कुछ लोग ऐसे स्वॉपिंग करते हैं। मुझे समझाया। मैंने मना कर दिया बिल्कुल। फिर ये बार-बार यही बात करते। मैं परेशान हो गयी। कुछ टाइम के बाद जब हमारी लड़ाई होने लगी तो ये नहीं माने और फिर मुझे हाँ करनी पड़ी। इन्होंने कई लोगों से मिलवाया। पहले मैंने मना किया फिर यह समझाते कि मैं भी तो उनकी पत्नी के साथ होता हूँ। वो मॉडर्न हैं, तुम भी बनो। मैं थोड़ी गाँव की हूँ। आपकी तरह अंग्रेज़ी बोलनी नहीं आती। तब ये कहते बेइज़्ज़ती मत कराओ बस ऐसे ही धीरे-धीरे इन्होंने आदत डाली।

सिमरन : आपको कोई दिक़्क़त नहीं?

सुनीता : नहीं, उससे क्या फ़र्क़ पड़ता है।

बातचीत करते हुए सुनीता अपनी रसोई में ले गयी। जहाँ ज़मीन पर एक गैस रखी थी और दीवार पर एक लकड़ी का फट्टा था जिस पर चाय-चीनी के डिब्बे रखे थे। वो झुककर चाय बना रही थी तो मैंने कहा आपकी मदद कर सकती हूँ। उसने कहा नहीं। आप लोग कहाँ शहर से आये हैं। आप रहने दीजिए। मैं बनाती हूँ।

सुनीता को लगता है, वह कम पढ़ी-लिखी है इसलिए उसे अपने पति के सामने झुकना पड़ेगा, क्योंकि वह पति को ही सब कुछ मानती है। अगर पति चाहे तो पाप पुण्य है और पुण्य पाप हो सकता है। कुछ ऐसी ही सोच है सुनीता की। सुनीता अपनी अहमियत नहीं जानती वो पति की इज़्ज़त करते हुए ख़ुद की इज़्ज़त करना ही भूल गयी है।

सुनीता : आप मुझे अंग्रेज़ी सिखाना। मैं आपको चाय बनाना सिखा दूँगी।

सिमरन : तुम्हें अंग्रेज़ी क्यों सीखनी है?

सुनीता : कोमल के पापा के लिए वो जिन्हें अंग्रेज़ी नहीं आती वो पिछड़े हो जाते हैं। फिर शहर में तो सबको आती है।

सिमरन : तुम किसी के पास पति के साथ जाती हो तो बुरा नहीं लगता?

सुनीता : लगता था वैसे भी बातचीत के बाद अलग-अलग कमरे में चले जाते हैं और कमरा एक भी हो तो इन्हें कुछ होश ही नहीं होता। अब तो आदत पड़ गयी है। बस बच्चों को न पता चले।

सिमरन : तुम्हें गन्दा नहीं लगता?

सुनीता : क्या कर सकते हैं। घर में ख़ुशी रहे फिर बस।

ये बातें सुन पाना मेरे लिए मुश्किल था। उस पल तो मुझे सुनीता के पति से बेहद नफ़रत हो रही थी और ग़ुस्सा भी आ रहा था सुनीता पर कि वह इतना कुछ कैसे बर्दाश्त कर सकती है और फिर सुशील जो एक टीचर है। मेरे सामने एक ऐसी औरत थी जो ख़ुद को पतिव्रता समझती है, लेकिन यह कैसी पतिव्रता है, जो पत्नी के धर्म यानी उसके सती को गँवा कर भी पति को ख़ुश देखना चाहती है यानी जब पत्नी का सतीत्व ख़त्म हो जाये, उसके बाद कैसी पतिव्रता? सुनीता के चेहरे पर मजबूरी मुझे बार-बार दिखती, लेकिन यह कैसी मजबूरी आँखों में आँसू की जगह होंठों पर झूठी मुस्कान।

सुनीता ने कहा, "मैं तो प्रेगनेंट हूँ, इसलिए ज़्यादा नहीं कर सकती। ऐसे में कोमल के पापा बोर न महसूस करें, इसलिए इनके साथ चली जाती हूँ, क्योंकि स्वॉपिंग में तो दूसरे की बीवी भी होती है न। तो मुझे तो जाना ही पड़ेगा वरना दूसरा क्यों आयेगा।

इसी बीच बातें करते हुए चाय बन चुकी थी। हम वापस उस कमरे में चले गये जहाँ सब बैठे थे। दो-चार हल्की बातें हुईं फिर वापस स्वॉपिंग की बातें शुरू हो गयीं।

दीक्षा : आप कैसे करते हैं मैनेज? कोई आपके घर आता है तो आपके पास तो एक ही कमरा है?

सुशील : वो कोई दिक़्क़त नहीं हमारे लिए तो एक ही कमरा काफ़ी है। वो सुनीता सुन्दर ही इतनी है कि जो मिलता है ख़ुश हो जाता है। आज तक जितने लोग मिले, सबने सुनीता की तारीफ़ की है।

सुशील बातों को घुमा रहा था ध्यान सुनीता पर ले जाने के लिए तो मैंने पूछा लेकिन सुनीता गर्भवती है। आप कैसे?

सुशील : ऐसा कोई दबाव नहीं है, लेकिन सुनीता ओरल कर सकती है।

ये बात सुनकर साफ़ हो गया था कि सुनीता सिर्फ़ और सिर्फ़ अपने पति के मनोरंजन का जुगाड़ करने का एक साधन मात्र है। उसके पति को जरा फ़िक्र नहीं कि बेटे की चाहत में उसकी बीवी गर्भवती है। पत्नी को प्यार करने का ढोंग जो वह कर रहा था। इस जवाब से वह नक़ली प्यार भी बेपर्दा हो गया।

मैं हैरान ज़्यादा इसलिए हो रही थी कि सुनीता के चेहरे पर वह मुस्कुराहट अब भी बनी हुई थी। अब जैसे मेरी हिम्मत जवाब दे रही थी। मन में अब कुछ और सुनने की चाह नहीं थी। इसलिए मैंने दोनों से कहा, हम तो बस आप दोनों से मिलने आये थे। सोचा पहले यह जान लें कि आप लोग कैसे विचार रखते हैं। कुछ लोग ठीक नहीं लगे थे हमें।

इतना सुनते ही सुनीता का पति बोला आप ठीक कह रही हैं। हम भी उन लोगों से बात नहीं करते जो तहज़ीब वाले न हो, मतलब एक कपल से मिले दोनों मियाँ-बीवी ही ऐसे थे कि बस दुनिया की कोई शर्म ही नहीं। इसलिए हम भी पहले मिलकर बात करना पसन्द करते हैं। वैसे हमारी मुलाक़ात कुछ पुराने लोगों से ज़्यादा रहती है। कई सालों से है उनके नम्बर मेरे पास हैं लेकिन हमारी उम्र उन सबसे कम है इसलिए अब थोड़ी ठीक-सी उम्र के पति-पत्नी के साथ मिलना चाहते हैं।

अब यह बात तो कुछ ऐसी थी कि जिनके ख़ुद के घर शीशे के हों वे दूसरों पर पत्थर नहीं मारते। दुनियादारी की बातें इनके मुँह से तो बिल्कुल अच्छी नहीं लगीं मुझे। और जब सुनीता के पति ने यह कहा कि इनकी सबसे कम उम्र है, तो मैं जान गयी कि बाक़ी कपल्स की उम्र क्या होगी। अब मैंने सोचा इनसे जल्द विदा लेते हैं वरना इनकी बातें तो ख़त्म नहीं होंगी।

मैंने दोनों को कहा कि हम आपसे फिर मिलने आयेंगे। तब तक आप भी हमारे क्लब के बारे में फ़ैसला ले लेना। हम वहाँ से निकल पड़े। मैं कुछ असमंजस में थी। दरअसल मुझे कुछ समझ नहीं आ रहा था कि ख़ुश होना चाहिए या दुखी। मेरे साथ गयी टीम उनकी बातों को दोहरा रही थी, उनकी आलोचना भी कर रही था। साथ ही सुनीता के चेहरे की तारीफ़ करते नहीं थक रहे थे, वे तीनों मेरा मतलब मेरे दोस्त।

लेकिन जब मैंने उनकी बातें सुनीं तब मैंने अपने बॉस को फ़ोन लगाया (हम गाड़ी में थे और वापस दिल्ली जा रहे थे) मैंने उन्हें कहा आज हमें ऐसी स्टोरी मिली है, जो हम सोच भी नहीं सकते थे। हमने पूरा शूट किया है। उनकी बातचीत, उनके चेहरे और उनके बच्चों के अलावा उनकी चारपाई, घर का माहौल सब कुछ आप नहीं जानते, वे कैसे बात करते हैं। उनकी भाषा में साफ़ हरियाणवी बोली समझ आती है। आप सोच भी नहीं सकते कि ये लोग स्वॉपिंग कर सकते हैं।

मैं बोलते-बोलते एकदम जैसे चुप हो गयी और कहा दिल्ली आ रहे हैं आप देख लेना ख़ुद।

दरअसल, मेरा काम मुझ पर हावी हो गया था जो ग़लत तो नहीं था लेकिन मुझे मतलबी ज़रूर बना रहा था। "मैं किसी के परिवार का चेहरा देख चुकी थी

ऐसा चेहरा जिसे उन्होंने मुझे बहुत ही गोपनीयता के साथ दिखाया।" और मैं उस गोपनीयता को बेपर्दा करने जा रही थी। ख़ैर, उनके चेहरे तो हम टीवी पर नहीं दिखाने वाले थे, न ही नामों का खुलासा करने वाले थे लेकिन एक पल के लिए ज़रा सोचो कि उन्हें पता चले कि हम टीवी से हैं तो उनका क्या हाल होगा?

जितने जवाब ढूँढ़ती उतने सवाल बढ़ जाते और यह सवाल मुझे ले जाते उन लोगों के पास, जहाँ मुझे जवाब मिलने हैं।

मैंने स्वॉपिंग के लिए देश के अलग-अलग जगहों पर शूट किये लेकिन कुछ लोग आज भी ज़हन में बिल्कुल वैसे हैं जैसे कई साल पहले हुई मुलाक़ात में थे।

सोनीपत से शूट करने के बाद हम दिल्ली पहुँच चुके थे। अब कोशिश थी कि ऐसे और सच जानने की, क्योंकि सुनीता और उसके पति से मिलने के बाद यक़ीन होने लगा था कि ऐसे और लोग भी हैं जो इस बीमारी के शिकार हैं।

अब तो मन में यह विचार भी आने लगा कि क्या शादी के कुछ साल बाद वाक़ई पति-पत्नी में दूरियाँ आ जाती हैं या वे बोर होने लगते हैं। हमने तो सुना है पूरी ज़िन्दगी पति-पत्नी का रिश्ता भगवान बनाता है। दोनों एक-दूसरे के बेहद क़रीब होते हैं। एक-दूसरे की सेहत अच्छी रहे यह दुआ करते हैं और पूरी ज़िन्दगी क़दम-से-क़दम मिलाकर साथ निभाते हैं।

सोचते रहने से तो काम नहीं चलने वाला। मैंने अगले शूट के लिए काम करना शुरू किया। इस बार इन जोड़ों का पता मुझे किसी नये जोड़े ने या किसी और ने नहीं, बल्कि सोनीपत की सुनीता और उसके पति ने ही दिया था। ये लोग पहले भी स्वैप कर चुके थे। मैंने इस जोड़े को फ़ोन मिलाया। ये पति-पत्नी पढ़ाते हैं कॉलेज में। रोहतक के रहने वाले हैं। ये दोनों न सिर्फ़ पढ़ाते हैं, बल्कि पति तो यूनिवर्सिटी के रजिस्ट्रार भी हैं। उम्र बतायी गयी 56-58 दोनों की।

फ़ोन पर ज़्यादा बात नहीं हुई, कुछ डिटेल मिला। लेकिन जो ख़ास बात थी, वह यह थी कि यह कुछ डरे हुए लग रहे थे जैसे समाज में ज़रा भनक लगी तो न जाने क्या होगा। यह बात काफ़ी अजीब है। एक तरफ़ समाज और दूसरी तरफ़ मनोरंजन के लिए स्वैप करना जैसे किसी नट की तरह चलने को मन कर रहा हो।

मेरी समझ तो यही कह रही थी कि बस इन लोगों से मुलाक़ात करने के बाद ही हक़ीक़त से पर्दा उठेगा, भला किसी कॉलेज में पढ़ाने वाले अधेड़ उम्र के लोग अपनी हवस भरी मानसिकता से स्थिति का हिस्सा बनने से नहीं रोक पाते हैं जहाँ उन्हें ख़ुद से मिलने में शर्म आये।

मैं कभी-कभी ख़ुद को मजबूर समझती थी। शूट ख़राब हो जाने के डर से इन्हें कुछ नहीं कह पाती थी कि ये सब करना उन्हें शोभा नहीं देता। कभी-कभी लगता मैं कुछ ज़्यादा सोचती हूँ मुझे अपना काम करना चाहिए।

मैं आपको यह तो बताना भूल ही गयी कि रोहतक वाले जोड़े के अलावा मेरी एक और जोड़े से फ़ोन पर बात हुई। ये लोग नैनीताल के पास की जगह हल्द्वानी के रहने वाले हैं। ये सरदार परिवार से हैं और दो बेटे हैं इनके। दोनों कुछ ज़्यादा ही बिन्दास लगे बात करने में। पति प्राइवेट नौकरी करता है। इन्होंने भी हमें आने का न्योता दे डाला।

अब मुझे दो जोड़ों से मिलना था। अरे, मैं बार-बार भूल जाती हूँ कि एक जोड़े से बात और हुई। दरअसल, इनसे मैंने बात अपनी टीम की लड़की दीक्षा से करने के लिए कहा। उसने मिलने का समय तय किया। काम काफ़ी बढ़ रहा था इसलिए सोचा कि दिल्ली में रहने वाले जोड़े मि. राव से शायद मैं न मिल सकूँ।

इसलिए टीम के दो सदस्यों को वहाँ भेज दिया और मैं अपने एक सहयोगी के साथ निकल पड़ी सुबह-सुबह दिल्ली से रोहतक की तरफ़। उस दिन शिवरात्रि थी इसलिए मेरा व्रत था। ऐसा कभी जब भी किसी अधेड़ उम्र के जोड़े से मिलने जाती तो सोचती थी कहीं मुँह से आंटी न निकल जाये...ऐसा हुआ नहीं, क्योंकि मैं अपने ऑर्गेनाइज़र के कैरेक्टर में खो जाती थी। नज़रें एक दिशा में रहती थीं और सवालों के जवाब की तलाश करती थी।

रोहतक की आंटी

सोनीपत से आने के बाद दिमाग़ में चल रहा था कि अब कौन लोग मिलेंगे, क्या कहेंगे, वे लोग बात को सही ठहरायेंगे और इतनी बड़ी उम्र में क्यों उन्हें स्वॉपिंग की ज़रूरत है वह भी क़स्बे में रहने वाले परिवार को? और वे अपने घर क्यों नहीं बुला रहे हमें, क्योंकि सुनीता ने तो तुरन्त घर बुला लिया। बताया था कि यह कपल भी घर पर है, फिर यह रोहतक वाला जोड़ा बाहर क्यों मिलना चाहता है और अगर बाहर मिलेगा तो वे कौन होंगे? किसी के सामने ये खुल पायेंगे या बस हमसे मिलकर जानना चाहते हैं कि हम वाक़ई कोई क्लब चलाते हैं या नहीं। उनके दिमाग़ में क्या है पता नहीं? लेकिन यह तो तय था कि ये लोग सुनीता और उसके पति से बात कर चुके हैं। तभी इन्हें विश्वास है कि हमसे मिलने में कोई ख़तरा नहीं है, क्योंकि यूनिवर्सिटी का रजिस्ट्रार फ़ैकल्टी के ऑफ़िस में तो कभी उनको न बुलाता जिनसे जीवन का वह हिस्सा जुड़ा है, जिसे वे चन्द लोगों से साझा करते हैं। मेरे ज़हन में अभी सुनीता की कहानी चल ही रही है, जो बेहद मजबूर औरत लगी। मुझे तो क्या इस रजिस्ट्रार की बीवी भी ऐसी होगी या कुछ और होगी? जो भी होगी वह मेरी सोच से परे थी, क्योंकि सुनीता और उसका पति बेहद संस्कारी होने का दावा कर रहे थे, लेकिन संस्कार वे तो नहीं थे मेरी नज़र में। शायद आपको लगता हो कि मैं बार-बार उनके चरित्र पर अपने विचार दे रही हूँ जिसकी ज़्यादा ज़रूरत न भी लगे आपको, लेकिन मैं इन सभी को उस मध्यमवर्गीय लड़की के हिसाब से देख रही हूँ जिसे बचपन से सही-ग़लत की परिभाषा बतायी गयी हैं, जो बार-बार मुझे प्रतिक्रिया देने पर मजबूर कर देती है। मुझे याद है, जब बचपन में किसी औरत के चरित्रहीन होने की बात सुनते थे, तब लोग बोलते थे कि बेचारा पति कैसे झेल रहा होगा लेकिन कोई ये क़िस्से सुन ले तो शायद ही किसी को हजम हो कि बेचारी औरत जिसका पति उसे बेच भी नहीं रहा और उसकी इज़्ज़त को तार-तार किये हुए

है। कौन-सी मिट्टी लगती है ऐसे लोगों को बनाने में, समझ में नहीं आता। सबकी अपनी स्वतन्त्रता है, लेकिन घर टूटने का हवाला देकर अपनी पत्नी को ब्लैकमेल करना भारतीय संस्कृति नहीं है, बल्कि भारतीय ट्रेंड ज़रूर है, जहाँ अक्सर औरत को पति घर टूटने का हवाला देकर कई तरह के दबाव ज़रूर बनाता है।

ख़ैर, रोहतक जाना था तो जल्दी उठी, क्योंकि रोहतक के बाद एक और जगह जाना था एक और जोड़े से मिलने। एक ही दिन में दो और लोगों से मिलना है। मैं जल्द-से-जल्द ज़्यादा लोगों से मिलना चाहती थी, जिससे स्टोरी जल्द पूरी हो सके। हालाँकि मुझे अन्दाज़ा नहीं था कि कितना समय इस में लगने वाला है, इसलिए अलार्म लगा कर सोयी थी। दरअसल, उन दिनों स्टोरी की प्लानिंग से इतना थक जाती थी कि बेसुध सोती थी लेकिन जिनके लिए इतना प्लान किया, उन्हें कैसे मिस कर सकती थी। तो अलार्म महाराज को कष्ट दे ही दिया। सुबह के छह बजे थे, अलार्म बजा और मैं जल्दी उठकर तैयार होने चल दी, फिर सुबह चाय पी और ऑफ़िस की गाड़ी का इन्तज़ार कर रही थी। मैं जल्दी से गाड़ी में बैठकर अपने सहयोगी को लेने चल पड़ी। उसे रास्ते से लिया और गाड़ी दिल्ली से 65 किलोमीटर दूर रोहतक की तरफ़ चल दी। रास्ता ज़्यादा दूर नहीं था और प्लान के मुताबिक़ वहाँ हमें लंच के समय तक पहुँचना था और हमें जो पता बताया था, वह रोहतक यूनिवर्सिटी का था। जब हम यूनिवर्सिटी के पास पहुँचे तो समझ में नहीं आ रहा था कि यहाँ कहाँ मिलेंगे दोनों। हम वहाँ पहुँचे और मेरी नज़रें ढूँढ़ने लगीं, उन्होंने कहा था कि फैकल्टी के डाइनिंग हॉल में आ जाना तो हम वहाँ पहुँचे और फिर से नज़रें ढूँढ़ने लगीं कौन हैं वे लोग? कहाँ हैं? इस बार अजीब हुआ। यह जोड़ा हमारे सामने खड़ा था, लेकिन हमें पहचान में ही नहीं आया और आता भी कैसे उनकी उम्र काफ़ी ज़्यादा थी। बीवी 90 किलो से ज़्यादा दिख रही थी और पति एक उम्रदराज होने के साथ सरकारी महकमे से जुड़े दिख रहे थे। दोनों ने मुझे और मेरे सहयोगी आसिफ़ को काफ़ी ध्यान से देखा और उन्होंने बताया कि वे हम दोनों का काफ़ी देर से इन्तज़ार कर रहे हैं। उन्हें देखकर लगा वे दोनों एक पारिवारिक होने के अलावा शिक्षक हैं, तो हमें सोच-समझकर इनसे बात करनी होगी और ये दोनों भी अपनी सीमाओं में रहकर ही बातें करेंगे। हमें उन्होंने यूनिवर्सिटी के फैकल्टी हॉल में बुलाया और वहाँ उन्होंने खाने का इन्तज़ाम कर रखा था लेकिन मेरा शिवरात्रि का व्रत था, तो मैंने कुछ नहीं खाया लेकिन आसिफ़ के साथ उन्होंने लंच किया। मैंने आपको शायद बताया था कि शिवरात्रि के दिन हम इनसे मिलने गये थे। उसके बाद

हम एक हॉल में बैठ गये, जहाँ दोनों पति-पत्नी ने अपनी बातें करनी शुरू कीं, यह हॉल काफ़ी बड़ा था और हॉल के दूर कोने में जाकर ये दोनों बैठे, ऐसा लग रहा था, जैसे किसी को हमारी बात न सुनायी दे, इसलिए वहाँ बैठे थे। मैंने पूछा आपने घर नहीं बुलाया तो उन्होंने कहा कि वे हमें अपने घर नहीं बुला सकते थे। क्योंकि उनकी और हमारी उम्र में काफ़ी फ़र्क है, अगर परिवार वाले पूछते तो कोई जवाब नहीं दे पाते और जब हमने जानना चाहा कि कभी कोई जोड़ा उनके घर गया है? तो उन्होंने कहा हाँ। वे जोड़ा जो हमारी उम्र के हैं, वे हमारे घर गये और हमने घर पर कहा कि ये हमारे दोस्त हैं क्योंकि कोई शक नहीं कर सकता ख़ासकर बच्चे। बड़े हो गये हैं तो सवाल पूछते हैं कौन से दोस्त हैं ये? ऐसे में आपको तो घर ले जाने की सोच ही नहीं सकते तो यहीं फैकल्टी बुला लिया।

बात करते-करते बीच में आसिफ़ ने कहा मुझे वॉशरूम जाना है तो मिसेज़ ने तुरन्त कहा चलिए मैं ले जाती हूँ, लेकिन मुझे इन लोगों को देखकर काफ़ी असहजता महसूस हो रही थी और जब मैंने देखा कि मेरा पार्टनर कुछ देर के लिए वहाँ नहीं है तो मैं थोड़ा और असहज हो गयी, अब तो वे और खुलकर बोलने लगे कुछ बातें समझ के बाहर लगीं, लेकिन समझ आ रहा था कि ये लोग न सिर्फ़ बेशर्म हैं बल्कि काफ़ी बेसब्र भी हैं और ये दोनों सालों से वाइफ़ स्वॉपिंग में शामिल हैं।

मैंने इनसे मिलकर जाना कि कैसे वाइफ़ स्वॉपिंग करने वाले जोड़े अपने परिवार के सामने आइडियल पैरेंट्स बन जाते हैं और अपने स्वॉपिंग सर्कल में आते ही अपनी सारी मर्यादाएँ तोड़ कर भूखे भेड़िये जैसी हरकतें करनी शुरू कर देते है। इतना दोगलापन देखना ही मुश्किल है, तो सोचो इस की क़द्र कर पाना तो बेहद मुश्किल होता होगा।

इन अंकल-आंटी जैसे जोड़े से मिलकर मन उकता गया और मेरठ भी शाम से पहले पहुँचना था, इसलिए इनसे पीछा छुड़ाना काफ़ी ज़रूरी था। हमने जल्दी-से-जल्दी निकलने की कोशिश की, लेकिन ये दोनों हमें ही लपेटने के चक्कर में थे। हमने इनको साफ़ समझाया कि हम ऑर्गेनाइज़र हैं। लेकिन मिसेज़ तो आसिफ़ के पीछे ही पड़ी थी जो आसिफ़ की माँ की उम्र की होगी। ऐसे में यह समझना कि ये लोग ख़ासकर महिला इतनी ज़बरदस्ती कैसे कर सकती है, तो समझ में तब आया कि जब उसके पति के बेसब्र तेवर देखे जो अपनी उम्र से आधे उम्र के या फिर कहें अपनी बेटी की उम्र की लड़की यानी मुझ पर नज़रें गड़ाये बैठा था। स्वॉपिंग की

आदी हो चुकी उसकी बीवी ने भी हमें आख़िरकार यह बता ही दिया कि पहले उसने यह शुरुआत पति की ख़ुशी और परिवार को न टूटने देने के लिए की लेकिन अब तो वक़्त हो गया है और आदत भी। अब बाक़ी जो जानना है, वह ये बतायेंगे तब उनके पति ने बोलना शुरू किया और कहा, आय वांट टू सी माय वाइफ़ हैप्पी। मैं कुछ करूँ या न करूँ पर मेरी बीवी को करता देख मुझे ख़ुशी मिलती है और अक्सर मैं अब सिर्फ़ इसे देखकर ही मज़ा लेता हूँ।

यूँ तो बात की शुरुआत में दोनों शान्त बैठे थे और बड़े ही सभ्य अन्दाज़ में हालचाल ले रहे थे, लेकिन जब ये सब उन्होंने बोलना शुरू किया, तब ऐसा लगा कि जैसे इन्सान की पहचान बहुत मुश्किल काम है। जिन्होंने हमारे खाने का ख़याल रखा, हमें कोई असुविधा न हो यह ख़याल रखा, वह अचानक जिस्म की मण्डी के ग्राहक से दिखने लगे। आइए, आपको चर्चा के कुछ अंश बताती हूँ।

पति : आप लोग कब से कर रहे हैं यह काम?

सिमरन : ज़्यादा पुराना नहीं है, लेकिन कई कपल हैं हमारे टच में, बस आप सभी की ज़रूरत का ध्यान रखते हैं।

पति : अच्छा, मैं तो काफ़ी बिजी रहता हूँ, लेकिन जीवन में कुछ ऐसा होना चाहिए कि पति-पत्नी का रिश्ता अच्छा लगे। मुझे अपनी पत्नी की चिन्ता रहती है।

सिमरन : पत्नी की चिन्ता क्यों?

पति : मैं कुछ ख़ास ख़ुश नहीं रख पाता हूँ, इसे हमेशा से शौक़ रहा कि इसकी ख़ुशी पूरी कर सकूँ लेकिन अब ऐसा हो नहीं पाता।

सिमरन : ओह तो आप लोग कई और पति-पत्नी से मिले हैं?

पति : हाँ, अग्रवाल जी ने कुछ से मिलाया है, हम उनसे मिलने भी गये। वे भी आये थे, कुछ महीने पहले मिलने हमसे।

सिमरन : कैसी रही आपकी उनसे मुलाक़ात?

पति : उनकी पत्नी भी आयी थी लेकिन मैं ऐसे कपल से मिलना ज़्यादा सही समझता हूँ जिनकी पत्नी या तो मेरे और अपने पति के साथ कर सके या फिर मुझे ख़ुश रख सके, क्योंकि अब उम्र की वजह से कुछ ख़ास मुझसे हो नहीं पाता है। पहले हम दोनों जाते थे साथ और दोनों करते थे, लेकिन अब मैं अपनी पत्नी को देखकर ख़ुश हो जाता हूँ। जब यह करती है, तो मैं सामने बैठ कर देखता हूँ तब मुझे कुछ ठीक-सा लगता है।

सिमरन : इससे दूसरे को दिक़्क़त नहीं होती क्योंकि आप सभी परिवार वाले हैं?

पति : हाँ, ऐसा हुआ था एक बार तो वो बुरा मान गया था। बोले आप सामने कैसे बैठ सकते हैं, मैं नहीं करूँगा कुछ, तब किसी तरह उसको समझाया। उसके बाद हम कोशिश यही करते हैं कि सिंगल भी मिले तो चलेगा।

सिमरन : तो आपको कपल चाहिए या सिंगल?

पति : नहीं, कपल चाहिए क्योंकि परिवार के लोग हमारी बात अच्छी तरह से समझ सकते हैं, उनको भी समझा सकते हैं, उनके अन्दर भी डर रहता है समाज का तो कहीं कुछ बोलते नहीं हैं।

सिमरन : ओह!

पति : हाँ कोई भी कहीं कुछ बोल दे तो हमारा तो परिवार है न। आपके लिए भी ये बताया हमको कि विश्वास कर सकते हैं आप हमारे ग्रुप के हैं।

सिमरन : हाँ, लेकिन हम पति-पत्नी नहीं हैं, हम क्लब चलाते हैं न!

पति : हाँ, लेकिन आपने भी तो किया होगा न किसी कपल के साथ...!

सिमरन : नहीं, हम नहीं करते लेकिन हमें पैसे की ज़रूरत है, तो क्लब से कमाते हैं और हमारे दोस्तों को भी नहीं पता कि हम ये कपल का काम करते हैं, वह अजीब-सा लगेगा न (दरअसल यहाँ इनके साथ शामिल तो नहीं हो सकते थे लेकिन इनकी तरह समाज का डर बता कर इनकी तरफ़ होना ज़रूरी था)।

पति : तो आप लोग नहीं करते हैं?

सिमरन : जी नहीं, हम सिर्फ़ मिलवाते हैं!

पति : ठीक है, वैसे आप दोनों भी स्मार्ट हैं!

सिमरन : जी बिल्कुल नहीं हम इसका हिस्सा नहीं हैं, ये हमारी पहली शर्त है हम आपको किसी से मिलवाते हैं। उनसे आप स्वैप करिएगा।

पति : नहीं उसकी कोई ज़रूरत नहीं, आप मेरी पत्नी के लिए इन्तज़ाम कर दें तो बहुत होगा।

सिमरन : हम सिर्फ़ मिलवा सकते हैं लोगों से, पसन्द उनकी जो होगी।

पत्नी : ये बहुत दुबले हैं, कुछ खाते नहीं क्या? (वह आसिफ़ की बात कर रही थी, आसिफ़ की तो हर शूट पर हालत ख़राब हो जाती थी, यहाँ भी उसके पैर काँपने लगे थे। मैंने आसिफ़ को बहुत मुश्किल से मनाया था इस शूट के लिए, आसिफ़ अच्छा दोस्त था, उससे ज़्यादा खुले दिमाग़ का इन्सान जो मुझे ऐसे शूट पर सवाल-जवाब करते देख मेरे लिए कोई धारणा नहीं बनाने वाला था। हम कई शूट साथ किये थे, तो उसको पता था कि मैं सिर्फ़ काम पर ध्यान देती हूँ और अपने काम के लिए पूरा होमवर्क कर चलती हूँ। आसिफ़ को चुनना इस ऑपरेशन के लिए ठीक भी रहा आसिफ़ बहुत मेहनती भी था लेकिन स्टिंग के लिए बहुत नया था)।

आसिफ : मुझे फिट रहना पसन्द है, इसलिए और कोई बात नहीं।

सिमरन : नहीं, ऐसा नहीं है हमारी उम्र भी नहीं अभी कि वजन बढ़ जाये (यह मैंने जान-बूझकर तंज़ किया था, क्योंकि ये दोनों हम पर ज़्यादा नज़र रख रहे थे बजाय मुद्दे पर बात करने के)।

सिमरन : छोड़िए! ये सब बातें होती रहेंगी। मैं सिर्फ़ यह कहना चाहती हूँ कि आप अपनी पसन्द बता दें, तो मेरे लिए सुविधा होगी। आप किन के साथ कम्फर्टेबल होंगे या फिर किन के साथ नहीं!

पति : हम नॉनवेज नहीं खाते तो कोई वेज वाले लोग हों तो बेहतर होगा!

सिमरन : बिल्कुल नहीं खाते?

पति : नहीं, अण्डा भी नहीं, हमारे घर में बहुत उसूल हैं उनको ध्यान रखते हैं हम, इसलिए बहुत सोच-समझकर बुलाते हैं अपने घर किसी को। कोई घर आये और कुछ अजीब-सा लगे बात में या रहन-सहन में तो परिवार शक करता है। वैसे भी हम बच्चों के अलावा माता-पिता के साथ रहते हैं। अब बच्चे भी बड़े हो गये हैं तो पूछते हैं कि ये अंकल-आंटी तो देखे हुए नहीं लगते हैं, तो इसके लिए भूमिका बनानी पड़ती है पहले से, जिससे सबको ठीक-सा लगे।

सिमरन : जिनको हम आपसे मिलने भेजेंगे, वे तो देखने में आपसे कम उम्र के हैं, जैसे हम हैं, वैसे हैं (यह बोलते ही दोनों ख़ुश हो गये)।

पति : कोई नहीं, आप भेजें हम कहीं और मिलने का रख लेंगे।

पत्नी : बोल देंगे कि दोस्त के जानने वाले हैं, हमसे कुछ मदद के लिए आये हैं। हमारी फेमिली बहुत नज़र रखती है और ज़रा किसी को कुछ पता चला हमसे बर्दाश्त नहीं होगा। देखो जी, ऐसा है कि इनके कहने पर मैं कुछ लोगों से मिली, मुझे आदत भी हुई, लेकिन मुझे कई बार महसूस हुआ कि हम तो जैसे दो चेहरे वाले हो गये हैं। घर के अन्दर बिल्कुल अलग, घर के बाहर ये और मैं कुछ अलग से हो जाते हैं। क्योंकि हम भी ख़ुश रहते हैं और परिवार भी अपने में मस्त है, लेकिन मेरी बहू भी है। मेरे बेटे की शादी हो चुकी है न। बाक़ी तो देख भी लें, लेकिन बहू तो दूसरे घर की है। ज़रा बात निकली तो सबको पता लग जाना है जी। इसलिए हम कम ही लोगों से मिलते हैं। जैसे आप लोग हमें अच्छे लगे।

पति : मेरी तो चिन्ता भी न करो, बस मेरी पत्नी ख़ुश रहे मैं उसको देखकर ख़ुश हूँ बाक़ी कोई मुझे ओरल के लिए मिल जाये तो भी ठीक है, मेरे बस की तो है नहीं अब। मेरा इलाज भी हुआ था, दवाई बहुत खाता हूँ फिर उम्र भी है तो फ़र्क़ तो पड़ता है न।

अब तो मेरा और आसिफ़ का दिमाग़ काम करने की हालत में नहीं था। ऐसा लग रहा था किसी कूड़े के ढेर पर बैठ गये हों। यह कैसा इन्सान है और उससे बढ़कर यह कैसी बीवी है? सवाल मन में आने लगे कि अगर यह शख़्स जो कह रहा है, वैसा ही है तो फिर यह इतना घूर क्यों रहा है, जब इसका जवाब सुना तो और सवाल करने का मतलब अब था ही नहीं। बस एहसास यह हुआ कि ये दोनों स्वॉपिंग के दलदल की गहराई में हैं और उस गहराई को छूना कम-से-कम हम तो नहीं ही चाहते और यहाँ बैठे-बैठे मुझे अजीब-सी बदबू भी आ रही थी। तो मुझे लगा कि यह कपल तो सुशील, सुनीता से अलग-सा है लेकिन इनमें एक बात एक सी थी। बस कोई चाहिए इनको किसी भी तरह लेकिन संस्कारी होना चाहिए।

किसी तरह वहाँ से निकलने की कोशिश की और गाड़ी में बैठ गये वे तो गाड़ी तक हमें छोड़ने आये जैसे कोई अपने रिश्तेदार को विदा करता है। देखने वाले लोगों को लगा होगा कि हम वाक़ई रिश्तेदार हैं। हमें यहाँ से जल्दी निकल कर मेरठ पहुँचना था, जो लगभाग चार घण्टे का रास्ता था, उन दिनों मेरठ की सड़क बहुत बुरी थी गड्ढे और ट्रैफिक भरी रहती थी इसलिए वक़्त ज़्यादा लग जाता था और हमें उसी दिन वापस दिल्ली भी आना था इसलिए ज़रूरी था कि जल्द निकलें।

यहाँ से निकलकर हमारे दिमाग़ में यह कहावत याद आयी, "जान बची तो लाखों पाये...।"

बहुत ही अजीब-सा अनुभव रहा। विश्वास न होता अगर ख़ुद सामने बैठ कर न सुनते।

मेरठ की बात

ख़ैर, हमें मेरठ भी पहुँचना था, जहाँ एक सरकारी कर्मचारी जो मेरठ के कैंट एरिया में अपनी पत्नी के साथ मिलने आने वाला था और हमें उनके बताये वक़्त पर पहुँचना था, इसलिए रोहतक से गाड़ी सीधे मेरठ की तरफ़ निकल पड़ी। रास्ते में जाते हुए मैंने आसिफ़ को बोला कि वह भी बातचीत में शामिल हुआ करे जिससे मुझे मदद मिलेगी। कभी-कभी ज़रूरी होता है कि कोई उनका ध्यान बँटाये। मुझे कभी-कभी पर्स में फिट हुए कैमरा का तार ठीक करना पड़ता था। क्योंकि उस वक़्त खुफ़िया कैमरा इतना अच्छा नहीं होता था और मुझे कैमरा की हालत का पता था। कई बार पर्स गें कैमरे का तार हिल जाता था जिसको मुझे बातचीत के दौरान ठीक करना पड़ता था। कभी मौक़ा मिल जाता, कभी नहीं मिल पाता। इसलिए मैंने आसिफ़ को बोला कि वह भी सवाल करेगा तो मुझे मौक़ा मिलेगा और अब तो आसिफ़ ऐसे दो शूट पर मेरे साथ जा चुका था, इसलिए आसिफ़ का डर भी काफ़ी कम हो गया था।

शाम के क़रीब पाँच बजे थे और हम पहुँच गये मेरठ कैंट। पता नहीं ये दोनों पति-पत्नी कैंट में रहते हैं या शहर से आ रहे हैं। उन्होंने अपने बारे में ज़्यादा कुछ नहीं बताया था। इसलिए उनके घर के बारे में मुझे ज़्यादा नहीं पता था। कैंट में बुलाया तो लगा कि कहीं आर्मी में नौकरी तो नहीं करते। पता नहीं यह जोड़ा कैसा होगा? कभी-कभी लगता था कि कहीं कोई और कहानी न हो जाये। मतलब ज़रूरी नहीं कि जिनसे मिलने जा रहे हैं, वे वैसे ही हों, लेकिन हमारे साथ ऐसा अभी नहीं होना था, क्योंकि जिन लोगों से मिलने जा रही थी, उनके नम्बर हमें पहले मिलने वाले कपल ने ही दिये थे। ऐसे में बहुत कम चांस था कि कोई कुछ हरकत करे। कैंट हम पहुँच गये, उनको मैंने फ़ोन किया!

सिमरन : हेलो।

मेरठ का पति : हेलो।

सिमरन : हम कैंट पहुँच गये हैं, आप कब तक आयेंगे?

मेरठ का पति : थोड़ी देर वेट कीजिए हम आते हैं।

सिमरन : फिर भी कितना वक़्त लगेगा?

मेरठ का पति : हम ज़्यादा दूर नहीं हैं आते हैं।

सिमरन : जी, हमें दिल्ली वापस भी जाना है, इसलिए थोड़ी जल्दी कीजिएगा।

मेरठ का पति : हाँ ठीक है, वहाँ एक कैंटीन है, आप वहाँ इन्तज़ार कीजिए, चाय लीजिए हम आ जायेंगे तब तक।

सिमरन : ठीक है।

अब हमने कैंटीन ढूँढ़ना शुरू किया, हम कैंटीन से ज़्यादा दूर थे भी नहीं। मैं पहली बार मेरठ गयी थी। उधर, ज़्यादा कभी जाना हुआ भी नहीं था। लेकिन कैंट एरिया सब जगह एक-सा होता है, तो हम कम्फर्टेबल थे। कैंटीन जाकर मैं और आसिफ़ बैठ गये। मैंने आसिफ़ को बोला कि अब वह भी आने वाले कपल से बात करे। हमने चाय ऑर्डर की क्योंकि मेरा तो शिवरात्रि का व्रत था और भूख भी लग रही थी। बस, अब जल्द ये दोनों आयें, इनसे बात हो फिर हम दिल्ली निकलें।

चाय पीकर हम गप्पें करने लगे क्योंकि कैमरा तो मेरे पर्स में था, जो मैंने सेट कर लिया था। बस ये दोनों आ जायें तो कैमरा ऑन करें। लेकिन ये अभी तक आये ही नहीं, हम थक कर बाहर जाकर खड़े हो गये। थोड़ी देर वहाँ खड़े ही हुए कि एक स्कूटर आकर रुका, जिस पर पति-पत्नी बैठे थे। अब शुरू हुआ मेरा कैमरा उस कैंटीन में जहाँ बेहद ही मध्यवर्गीय परिवार से ताल्लुक रखने वाले पति-पत्नी पहुँचे। वे दोनों वहाँ दो पहिया स्कूटर पर पहुँचे। पत्नी को देखकर लगा कि वह सीधे रसोई से खाना बनाकर आ रही है, बालों की बनायी चोटी बिल्कुल ढीली हो गयी थी, गुलाबी साड़ी का पल्ला कमर पर घुमाकर साड़ी में अटका रखा था लेकिन चेहरे से ख़ूबसूरत। तक़रीबन 5.5 इंच का क़द, गोरा रंग लेकिन दिखने में बिल्कुल मध्यवर्गीय परिवार से आने वाले बच्चों की माँ लग रही थी। बेहद घरेलू अन्दाज़। उनके पति दिखने में वही सरकारी विभाग के कर्मचारी ही लग रहे थे, उनकी नौकरी का असर उनकी सेहत पर दिख रहा था, पेट थोड़ा निकला हुआ। सफ़ेद शर्ट और पैंट पहने हम उन दोनों के साथ कैंटीन में गये। हमारे अलावा कैंटीन में और कोई नहीं था, ऐसा लग रहा था इन्होंने जानकर ऐसा समय तय किया मिलने के लिए, जब वहाँ कोई और न हो।

अब जैसे हम बैठे, पानी लिया तो अचानक पत्नी ने कहा (मेरे पर्स की तरफ़ उँगली करते हुए) कहीं आपके पास कोई कैमरा तो नहीं। कहीं आप स्टिंग ऑपरेशन तो नहीं कर रहे।

यह सुनते ही हम थोड़ा-सा सकपका गये लेकिन चेहरे पर डर नहीं दिखा सकते थे। इसलिए मैंने थोड़ी एक्टिंग की और कहा, अगर आप ऐसी बात करेंगे तो हम चले जायेंगे। मैंने कहा कि हमारे साथ ऐसा पहले भी हो चुका है।

हमने कोई झूठी कहानी उन्हें सुनायी, जिससे वे हम पर शक न करें और दोनों को जल्द ही हम पर यक़ीन हो गया। बस विश्वास में लेते ही हमने शुरू किया उनसे बात करना यानी सवाल पूछना उनकी ज़िन्दगी के बारे में। जहाँ से हम जान सकें कि वे क्यों इस स्वॉपिंग का हिस्सा बनना चाहते हैं।

50 की उम्र को छूने जा रहे हैं दोनों और हमने जाना कि मेरठ जैसे शहर में दोनों को कई साल हो गये हैं स्वॉपिंग करते हुए। आख़िर क्यों कर रहे हैं ये दोनों? यह सवाल तब ज़हन में आया, जब दोनों ने अपने ख़ुशहाल परिवार का ज़िक्र किया। उन्होंने कहा, "आपको हम अपने घर पर बुला लेते, लेकिन बच्चों के मन में न जाने क्या सवाल आते, वे लगभग आपकी उम्र के हैं।"

मिसेज़ गुप्ता ने जब कहा कि मैं रात का खाना बनाकर आ रही हूँ, तब मेरा अन्दाज़ा बिल्कुल सही हो गया। थोड़ा अजीब भी लगा कि आप स्वॉपिंग के लिए पार्टनर ढूँढ़ने जा रहे हैं और वो भी इतनी भाग-दौड़ में यानी अक्सर ये दोनों पार्टनर ढूँढ़ते होंगे, यह बात भी साफ़ हो गयी, जब उन्होंने बताया कि वे अक्सर जयपुर, रोहतक और सोनीपत जाते रहते हैं ख़ास स्वॉपिंग के लिए। हमारे लिए या किसी के लिए भी यह जानना थोड़ा हैरत भरा हो सकता है कि भारत के शहर और क़स्बों तक स्वॉपिंग का नेटवर्क पहुँच चुका है। हालाँकि बातचीत में एक घण्टा लगा और कई ऐसी बातें उन्होंने बतायीं जिससे हमें शर्मिन्दगी लगने लगी उनके सामने बैठने में। ख़ास ऐसा तब हुआ जब मिसेज़ गुप्ता ने बताया कि उन्होंने एक जवान पायलट के साथ अपनी अजीब ख़्वाहिश को पूरा किया और मिसेज़ गुप्ता के यह सब बताने पर मि. गुप्ता बड़े ख़ुश हो रहे थे। उन्हें कोई फ़र्क़ ही न पड़ रहा था कि उनकी पत्नी एक ऐसी बात बता रही थी, जिसे सुनकर कोई भी पति बर्दाश्त नहीं कर सके लेकिन मि. गुप्ता तो ख़ुश होकर सब कुछ न सिर्फ़ सुन रहे थे, बल्कि ख़ुद मज़े लेते हुए नये-नये क़िस्से याद दिला रहे थे। उन्होंने बताया एक क़िस्सा जिसमें उनकी पत्नी ने कम उम्र के लड़के के साथ सम्बन्ध बनाये। काफ़ी अजीब था, हमें विश्वास भी नहीं हो रहा था।

कभी लगा कि शायद ये ऐसी बातें इसलिए भी कर रहे हैं जिससे हमारे सामने ख़ुद को मॉडर्न स्टाइलिश दिखा सकें। हम यह कैसे भूल सकते थे कि यह एक ऐसा बाज़ार है, जहाँ मॉडर्न होना पहला नियम है। इसके लिए ये लोग किसी कहानी को पैदा कर सकते हैं। मिसेज़ गुप्ता बहुत ख़ुश होकर अपने क़िस्से बता रही थीं। शायद वे चाहती थीं कि हम उनको जल्द किसी से मिलवायें। मेरे लिए यह समझ पाना मुश्किल हो रहा था कि इतनी साधारण दिखने वाली महिला स्वॉपिंग की बातें इतनी बेधड़क होकर कर सकती है। यहाँ इनसे बात करके समझना मुश्किल था कि ये औरत अपनी मर्ज़ी से शामिल है या कुछ और बात है, क्योंकि पति से आगे बढ़कर ये जो बातें कर रही थी, उन बातों को कोई महानगर की लड़की भी टक्कर नहीं दे सकती थी। किसी के आधुनिक होने से उसकी सेक्स लाइफ़ के नवीनीकरण से कोई लेना-देना नहीं है। यह यहाँ समझ आ रहा था। मिसेज़ गुप्ता बॉडी पार्ट का ज़िक्र ऐसे कर रही थीं, जैसे कोई सेक्सोलॉजिस्ट करता हो। मतलब कोई हिचक नहीं लेकिन सेक्सोलॉजिस्ट बातें करते वक़्त काम का ध्यान रखता है, लेकिन यह मैडम 'काम' का ध्यान रखती दिख रही थीं। ख़ैर, यह भी दिलचस्प है। एक ऐसी लड़की इस स्टोरी को लीड कर रही है, जो खोजी पत्रकार तो है लेकिन सेक्स जैसे विषय पर ज़ीरो ज्ञान है, इसलिए मैंने आपको बताया था न कि मुझे इस विषय पर नोट्स बनाने पड़े थे, कितने प्रकार का सेक्स होता है वग़ैरह-वग़ैरह और वे नोट्स मैंने ऑफ़िस में स्टोरी ख़त्म होने पर जमा भी कर दिये थे। यह मैं आपको इसलिए बता रही हूँ कि मैं शायद ख़ुद नहीं जानती थी कि खोजी पत्रकारिता में यह विषय मेरे सामने आ सकता है।

आख़िरकार अश्लील बातों की सीमाएँ लाँघकर उन्होंने कई कहानियाँ सुनायीं और हमारा मक़सद भी लगभग पूरी हो चुका था। हमने वहाँ से निकलने का फ़ैसला किया। कैंटीन से बाहर निकलते-निकलते आसिफ़ को जैसे याद आया कि उसे भी बातचीत में शामिल होना था तो उसने अपने किसी चाचा जो मेरठ के रहने वाले थे और नेता थे, उनकी बात करनी शुरू की, यह सुनते ही मुझे लग गया कि आसिफ़ आज पूरा खेल ख़राब कर देगा। मैंने किसी तरह उसको चुप कराने की कोशिश की। लेकिन आसिफ़ यहाँ बोलता ही जा रहा था। अब मुझे लगा कि निकलना बेहतर होगा। फटाफट गाड़ी की तरफ़ चल दी मैं।

इस तरह के परिवार वाले जोड़ों से मिलकर लगने लगा, बेहतरीन स्टोरी मुझे मिल चुकी है, लेकिन यह सिलसिला शुरू क्या हुआ रुक ही नहीं रहा था, अब

मुझे मिला पता एक और जोड़े का, जो नैनीतील में रहता है। सरदार परिवार है और बड़ी बेचैनी से तलाश रहे हैं ऐसे जोड़ों को, जो उनके राज़-को-राज़ भी रखे और उनके पार्टनर भी बन जायें। यह जोड़ा दरअसल कम्प्यूटर पर बैठकर वेब कैमरे से पहले बात करता है, फिर मिलने के लिए बुलाता है। ऐसा कुछ हमारे साथ भी हुआ, हमें इन्होंने पहले कम्प्यूटर पर चैटिंग की फिर मिलने के लिए नैनीताल बुलाया। पहले आपको बता दूँ कि यह ऐसा पहला जोड़ा था, जो कम्प्यूटर पर चैट करके बुलाता था। इन्हें तसल्ली चाहिए थी कि जो इनसे मिलने आ रहे हैं, वे भी इनकी तरह सामाजिक हैं और समाज से डरते हैं, इसलिए इन्होंने अजीब-अजीब-सी शर्तें सामने रख दीं, जिससे इन्हें यह यक़ीन हो जाये जो इनसे मिलने आ रहे हैं, वे भी पति-पत्नी हैं लेकिन हम ऑर्गनाइज़र हैं और किसी जोड़े को इनसे मिलवायेंगे। ऐसा हमने इनको समझने की कोशिश की, लेकिन इससे पहले उनके सामने लाइव चैट में अपनी पत्नी को चूमे और साबित करे कि रिश्ता है या नहीं। हमने किसी तरह इनको समझाया कि जब जोड़े से मिलेंगे, तब अपनी तसल्ली कर लेना। हरप्रीत ने बताया कि जब वे किसी से चैट करते हैं, तब अपने बच्चों के कमरे को ताला लगा देते हैं और कोई जोड़ा इनके घर आये तब भी वे ऐसा करते हैं, जिससे इनके बच्चों को पता न लगे कि क्या हो रहा है। हरप्रीत की पत्नी शोभा तो इस बात पर बहुत परेशान थी, ऐसे बात कर रही थी जैसे कोई जेलर हो। बेहद सख़्त शोभा को स्वॉपिंग से ज़्यादा चिन्ता बच्चों की थी। कुछ भी हो बच्चों को न पता चले इस सोच से ही वह सहम जा रही थी।

हल्द्वानी के मम्मी-पापा

यह पहला कपल था, जो कम्प्यूटर पर मिला लेकिन हल्द्वानी से था तो मुझे दिलचस्पी हुई जानने की कि कैसे यह कपल नेटवर्क में आया और कहाँ-कहाँ लोगों के सम्पर्क में है। हमने बात करने के बाद मिलने का दिन तय किया और निकल पड़े नैनीताल। उन्होंने हमें हल्द्वानी में मिलने के लिए कहा।

गज़ब बात थी कि ये दोनों भी बिल्कुल संस्कारी और सामाजिक थे। स्कूटर पर आये थे, यह तीसरी बार था, जब स्कूटर पर कोई जोड़ा मिलने आया था। पहले सोनीपत फिर मेरठ और अब हल्द्वानी। दोनों जल्दी में थे, जब हम हल्द्वानी पहुँचे तब दोनों ने अपने घर चलने की ज़िद की हालाँकि जब हमने दोनों को देखा तो दोनों काफ़ी मजेदार लगे बातचीत में (सिर्फ़ 3-4 मिनट की बात हुई)। वे दोनों स्कूटर पर थे और हमसे अपने घर ले जाने की बात करने लगे। लेकिन हमें उनके घर नहीं जाना था, अरे जाते कैसे उनके घर, वे शायद प्लान बना कर आये थे। हमें देखने के बाद उनको लगा कि घर ले चलते हैं, लेकिन मैं पहले से तैयार थी कि कैसे टालना है इनको। तो मैंने अपने ड्राइवर को कहा कि थोड़ी दूर उनके पीछे चलने के बाद गाड़ी यू-टर्न ले ले और नैनीताल की तरफ़ निकल पड़े। वे दोनों हल्द्वानी के रहने वाले हैं, इसलिए रात के 10 बजे नैनीताल की ओर जाने के अलावा हमारे पास कोई और रास्ता नहीं बचा था, अगर उनके पीछे जाते तो उनके घर जाना पड़ता। दिल्ली वापसी का रास्ता भी वही था। ऐसे में सिर्फ़ नैनीताल का रास्ता बचता था जाने के लिए। इसलिए निकल पड़े नैनीताल। हालाँकि उस वक़्त चिन्ता इस बात की थी कि जब ये दोनों पति-पत्नी हमें फ़ोन करेंगे तो हम इन्हें अचानक रास्ता बदलने की क्या वजह बतायेंगे। लेकिन निकलने का रास्ता ज़्यादा ज़रूरी था। मैंने अपने फ़ोन बन्द कर दिये। अगले दिन सुबह जब अपना फ़ोन ऑन किया तो तुरन्त हरप्रीत का फ़ोन आ गया। मैंने सोचा कि ज़रूर ये पूछेंगे आप कल साथ क्यों नहीं आये

और साथ ही इस बात की चिन्ता थी कि कहीं ये दोनों हमें मिलने से मना कर दें तो हमारा नैनीताल आना बेकार हो जायेगा। ज़ाहिर है, उन्हें हमारी इस हरकत से शक हो सकता था। इसलिए बहाना बनाया कि मुझे अचानक मेरे जानने वालों का फ़ोन आया जो नैनीताल रहते हैं, इसलिए हमें उनसे मिलने आना पड़ा। किसी तरह मैंने हरप्रीत को समझा दिया। फिर मैंने उनसे मिलने का समय तय किया। शाम का टाइम पक्का हो गया। मैं इस बार अपने पार्टनर की बीवी का रोल कर रही थी। क्योंकि किसी और से मिलने से ये मना कर रहे थे।

यह शूट करना कभी-कभी एक ड्रामा जैसा लगता था, जहाँ हमें कोई भी किरदार मिलेगा और निभाना होगा लेकिन यह एक्टिंग से ज़्यादा मुश्किल थी, अगर ग़लत हुआ तो पूरी स्टोरी हाथ से निकल जायेगी और मुसीबत में फँसेंगे अलग।

ख़ैर, किरदार है अब एक ऐसी बीवी का, जो अपने पति के साथ दिल्ली से आयी है, एक ऐसे विवाहित जोड़े से मिलने, जो 35-40 के बीच है (मज़ा बहुत आता था, क्योंकि अपनी उम्र से 10 साल बड़ी महिला का रोल जो इस बार कर रही थी) और वाइफ़ स्वॉपिंग में गहरी दिलचस्पी रखता है। दोनों नैनीताल के बीचोबीच एक रेस्तराँ पहुँचे, जहाँ कोई और नहीं था सिवा उस रेस्तराँ में काम करने वाले दो लोगों के। अब यह समझ में आ चुका था कि इस तरह के लोग जब भी कहीं बुलाते हैं, तो ध्यान रखते हैं कि जगह भीड़-भाड़ वाली न हो। इसलिए रोहतक, मेरठ और अब हल्द्वानी तीनों ने हमें ऐसे रेस्तराँ में बुलाया, जहाँ दो या तीन लोग हों और इसके अलावा बाक़ी कपल ने अपने घर बुलाया या फिर हमसे होटल में मिले।

हम रेस्तराँ पहुँचे, यहाँ ये दोनों पहले पहुँच चुके थे। मौसम थोड़ा ठण्डा था। मनप्रीत की बीवी थोड़ी ग़ुस्से वाली दिखी लेकिन स्वॉपिंग की बातचीत शुरू हुई तो दोनों के चेहरों से लगा कि वे बहुत दिलचस्पी के साथ बैठे हैं। हमने हमेशा की तरह उनसे कुछ सावल किये और उन्होंने बताना शुरू किया कि वे अपने दोनों बेटों को रात को कमरे में बन्द कर देते हैं या फिर उन्हें जल्दी सुला देते हैं, जिससे वे यह न जान सकें कि उनके माँ-बाप रात को अनजान लोगों के साथ कम्प्यूटर पर चैट करते हैं या फिर स्वॉपिंग करने के लिए तलाश करते हैं विवाहित जोड़ों की। ऐसे में वे अपने बच्चों को बहुत नियम और क़ायदों से भरा अनुशासन देने की आदत डाल रहे हैं। जब मैंने पूछा कि वे आज अपने बच्चों को क्या बता कर आये हैं तो हरप्रीत की बीवी ने कहा कि उन्होंने बच्चों को बोला है कि डॉक्टर के साथ अपॉइंटमेंट है।

हरप्रीत की बीवी शोभा का कहना है कि वह कभी यह नहीं चाहेगी कि उनके

बच्चों को उनके स्वॉपिंग की भनक भी लगे। शोभा ने कहा हम बच्चों से नज़र नहीं मिला पायेंगे और न ही बच्चों की ज़िन्दगी में ऐसी कोई आदत देखना चाहेंगे।

ख़ैर, कोई भी माँ-बाप हों वे कभी अपने बच्चों को अपनी ख़ामियाँ नहीं बताना चाहेंगे, ये सोच कर बात आगे बढ़ी। मैं जानना चाहती थी कि कैसे ये दोनों स्वॉपिंग में आये? शोभा ने बताया कि उसकी किट्टी पार्टी में कई महिलाएँ हैं और कुछ उनमें से स्वॉपिंग के नेटवर्क का हिस्सा हैं। वहीं से उसे पता चला। शोभा ने हरप्रीत को बताया और हरप्रीत तुरन्त तैयार हो गया। बस अब क्या था दोनों ने अपनी इस आदत से मजबूर होकर कई दोस्तों और उनकी बीवियों को भी शामिल कर लिया इस नेटवर्क में। यह बात काफ़ी अजीब थी कि कैसे एक के बाद एक लोग इनके नेटवर्क का हिस्सा बनते चले गये।

ज़्यादा हैरानी यह जानकर हुई कि एक किट्टी पार्टी से भी किसी सेक्स रैकेट की शुरुआत हो सकती है और वह भी भारत के ऐसे शहर में जहाँ आधुनिकता या स्टाइलिश दौर ज़्यादा असर नहीं करता। ऐसे में एक नयी तस्वीर सामने आयी। उस समाज की जो परम्पराओं के ठेकेदार होने का दावा करते हैं। किट्टी पार्टी जहाँ महिलाएँ अक्सर उस वक़्त को बिताने आती हैं, जहाँ वे अलग-अलग परिवार की महिलाओं से दोस्ती बनाती हैं और उस ग्रुप से एक ऐसे लेवल पर आती है, जहाँ वे एक आधुनिक समाज का हिस्सा भी बनती हैं, ऐसा वे सोचती हैं और शायद उसी ग्रुप में अब कुछ ऐसा घुल चुका है जिसकी हमें भनक तक नहीं। यह शोभा जानती है... कैसे वह किट्टी पार्टी से वाइफ़ स्वॉपिंग तक आ गयी।

वाइफ़ स्वॉपिंग के उन्होंने कई क़िस्से बताये जैसे हरप्रीत ने शोभा को अपने दोस्त से मिलवाया। उनसे बातचीत के बाद दोनों ने रज़ामन्दी से स्वॉपिंग की। यह सब जान लिया हमने और अब यहाँ से निकलना था। हरप्रीत और शोभा फिर से हमें अपने घर ले जाने की ज़िद कर रहे थे। शोभा अपने बच्चों को लेकर काफ़ी सख़्त और चिन्तित लगी। समझ में नहीं आया कि एक घर में रहते हुए दो समाज का चेहरा कोई क्यों नहीं पहचान पाता। शोभा ने बताया था कि जब भी वे इंटरनेट पर किसी कपल से बातचीत करते हैं, तब वे अपने बच्चों को कमरे में बन्द कर देते है। क्योंकि शोभा अपने बच्चों यानी दो लड़कों को सिर्फ़ अपनी अच्छी तस्वीर ही दिखाना चाहती है। शोभा शायद जानती है कि बच्चों को अगर सच पता लग जाये तो इस पति-पत्नी के जोड़े के लिए जीना मुश्किल हो जायेगा, क्योंकि वे अपने बच्चों से नज़र नहीं मिला पायेंगे और अगर बच्चे यह सच स्वीकार कर लें तो शायद उन्हें

आने वाले समय में ख़ुद इस नेटवर्क में शामिल होने में कोई समस्या नहीं होगी। इसलिए दोनों ही बातें शोभा को पसन्द नहीं जिसके चलते वह बच्चों के साथ बेहद सख़्त बर्ताव करती है।

ऐसा लगा कि नैनीताल के इन ख़ूबसूरत पहाड़ों में यह ज़हर कहाँ से आ गया। हरप्रीत और शोभा दोनों जितने ख़ुश हमसे मिलकर हुए, उतने सतर्क क्योंकि वे पूरी तसल्ली कर लेना चाहते थे कि उन्हें कोई ग़लत लोग न मिल जायें जिससे बात बाहर आ जाये।

शूट करने का ख़ुफ़िया कैमरा लगातार सारी बातें रिकॉर्ड कर रहा था। दोनों के हाव-भाव, दोनों के चेहरे पर आयी ख़ुशी और डर साथ-साथ नज़र आ रहे थे। ख़ैर, ये कपल उम्र में हरप्रीत और शोभा यानी 40 के आसपास लग रहा था और कम्प्यूटर के ज़रिये मिलने वाला पहला कपल था। हमें वैसे तो ऐसे लोगों की तलाश भी नहीं थी जो टेक्नोलॉजी जानता हो। लेकिन ये दोनों कम्प्यूटर के साथ-साथ उस नेटवर्क से भी जुड़े थे, जिसे फॉलो करते हुए हम इन तक पहुँच सकते थे। सब एक-दूसरे को अच्छे से जानते थे।

इन परिवारों को देखकर लगा कि शायद ये काफ़ी सुखी दुनिया में हैं, जो ज़्यादा ख़ुशी के लिए ऐसे मौक़े तलाश रहे हैं। सबके बच्चे ख़ुश हैं अपनी जगह और ये भी अपनी जगह अँधेरे में तलाश कर रहे हैं। अँधेरा इसलिए क्योंकि ये सब एक बन्द कमरे जैसा ही दिखता है।

कोई नहीं जानता कि इनका सच क्या है। इस अँधेरे का एहसास भी था और उस शाम से होती रात का भी इनमें बातें करते हो गयी। कैमरे में स्टोरेज स्पेस भी ज़्यादा नहीं था इसलिए सोचा कि बात यही ख़त्म करें और इस कपल को जल्द वापस मिलकर एक नये जोड़े से मिलवाने का वादा कर हम वहाँ से निकल पड़े।

अब इन जोड़ों से मिलने के बाद ये तो पता लग गया था कि इनकी मर्ज़ी के बिना शामिल नहीं हैं कुछ औरतें जो पति के दबाव से शामिल थीं वो मुश्किल से अपनी बात कह पाती थीं। और कुछ को आदत हो जाती थी। जैसे ये कुछ है ही नहीं। अब बारी थी उस जोड़े की जिसने इन सबसे मिलने में हमारी मदद की थी। वह इन सबके साथ बराबर सम्पर्क में रहते थे। अब बारी थी मिस्टर अग्रवाल और उनकी पत्नी से मिलने की। इन्होंने हमको अलवर बुलाया।

अलवर के गुप्ता जी

ये एक ऐसे पति-पत्नी का जोड़ा है जिन्होंने मुझसे एक-दो बार फ़ोन पर बात पहले की है क्योंकि इनसे मुझे कुछ जोड़ों के नम्बर पहले भी मिल चुके हैं। लेकिन इनसे अब तक मुलाक़ात न हो पायी थी। अलवर के शख़्स हैं मि. और मिसेज़ अग्रवाल। इनसे बात फ़ोन पर की, मुलाक़ात हो जाये। मि. अग्रवाल जो एक बहुत शातिर सा शख़्स लगा फ़ोन पर। शातिर इसलिए कि उन्होंने ख़ुद मिलने से पहले जिन लोगों के नम्बर दिये और उनसे मिलने में मदद भी की, उसकी वजह यह थी कि यह इन्सान तसल्ली कर लेना चाहता था कि अगर हम मीडिया से हैं तो यह हमारे जाल में न फँसे। ऐसा सोचना इनका था। अब हम कई जोड़ों से मिल चुके थे, इसलिए हमारी मुलाक़ात को लेकर अब इन्हें डर नहीं था।

लेकिन अब इन्हें तसल्ली हो चुकी थी कि हम कुछ हद तक सही हैं और स्वॉपिंग क्लब ही चलाते हैं। मैंने फ़ोन पर उनसे बात की मिलने के लिए। उन्होंने मुझे एक जोड़े के साथ बुलाया। दिल्ली से उस सुबह को फिर से हम चारों निकल पड़े ड्राइवर सुरेन्द्र के साथ।

जल्द ही हम वहाँ पहुँच गये। मि. अग्रवाल ने हमें जिस होटल का नाम बताया था रुकने के लिए वहाँ हम गये तो काफ़ी दिलचस्प सवाल सामने आये।

सिमरन : हमें दो कमरे चाहिए।

होटल स्टाफ : ठीक है कितने लोग हैं?

सिमरन : दो लड़की और दो लड़के मतलब दो कपल (पति-पत्नी हैं)।

होटल स्टाफ : ठीक है, लेकिन आप लोगों को अलग रहना होगा। लड़कियाँ एक कमरे में और लड़के एक कमरे में।

सिमरन : क्यों? लेकिन आप तसल्ली के लिए हमारे आईडी कार्ड की कॉपी रखिए, हम जहाँ काम करते हैं, वहाँ का कार्ड देख लें, लेकिन हम ऐसे नहीं ठहर सकते। (दरअसल, अगर हम ऐसे दिखाते की अलग-अलग ठहरे हैं तो मि. अग्रवाल को विश्वास दिलाना भी मुश्किल हो जाता)।

सिमरन : ठीक है हम ऐसे ही स्टे करेंगे, जैसा आप बोल रहे हैं, लेकिन आप एंट्री ऐसे न करें।

होटल स्टाफ : मैडम यहाँ पर पुलिस ने ऑपरेशन लैला-मजनूँ चला रखा है। रोज़ आकर चेक करती है एंट्री। आप साथ जैसे भी रहें, लेकिन दिखाना तो लड़की–लड़के को अलग होगा।

सिमरन : नहीं, हम ऐसे नहीं रुकेंगे।

हम लोग वापस बाहर आ गये। क्योंकि इस जगह पर काम करने में कोई भी बवाल हो जाता। ग़लत न होते हुए भी कोई हमें ग़लत या दोषी साबित कर देता या फिर हम अपनी केस स्टोरी से हाथ धो बैठते।

बड़ी हैरानी हुई और दिलचस्प भी रहा कि जिस शहर में अधेड़ उम्र के पति-पत्नी जैसे मर्ज़ी मज़े लेने के लिए तलाश कर सकते हैं। नये लड़के-लड़कियों पर है पुलिस की नज़र।

मतलब साफ़ है कि अपनी उम्र और शादी-शुदा होने का पूरा फ़ायदा उठाकर मि. अग्रवाल जैसे लोग पुलिस को भी आराम से मात ज़रूर दे देंगे। इसलिए हमें शहर के बीचोबीच एक ऐसे होटल में बुलाया जहाँ हम तो सुरक्षित महसूस नहीं कर रहे थे। इसलिए हम चल पड़े और वहाँ एकान्त में एक रिसॉर्ट में दो कमरे ले लिये। फिर सोचा कि मि. अग्रवाल को बता दिया जाये और यहीं बुलाया जाये।

जब मैंने उन्हें फ़ोन किया तो उन्होंने आने से मना कर दिया। काफ़ी मनाने पर उन्होंने हमें अलवर के एक रेस्टोरेंट में डिनर के लिए बुलाया। जब हम वहाँ पहुँचे तो फ़ोन पर उन्होंने एक अजीब-सी शर्त रखी कि वे हमसे सिर्फ़ तभी मिलने आयेंगे जब दिल्ली में उनके एक दोस्त और उनकी बीवी से मैं अपने क्लब के किसी जोड़े को मिलने भेजूँ। बड़ी अजीब-सी मुश्किल सामने आ गयी कि यह शख़्स काफ़ी चालाकी से यह जानने की कोशिश कर रहा था कि मैं वाक़ई कोई क्लब चला रही हूँ या नहीं।

लेकिन मैंने उन्हें काफ़ी समझाया। ऐसे काम करना हमारे उसूल के ख़िलाफ़ है।

दरअसल, ऐसे मौक़ों पर दिमाग़ में काफ़ी उधेड़बुन करके कोई रास्ता निकालना पड़ता है। उसी वक़्त बहुत ज़रूरी हो जाता था लेकिन रिस्क भी काफ़ी होता था कि मेरी झूठी कहानी पर इस शख़्स को विश्वास न हुआ तो। मैंने मि. अग्रवाल को किसी तरह समझाया और डिनर कैंसिल कर अगले दिन आने को कहा। मि. अग्रवाल ने किसी तरह मिलने के लिए हाँ की। लेकिन इस इन्सान को किसी भी बात पर यक़ीन करना बहुत मुश्किल हो गया था।

उधर, समय भी कम था और ऑफ़िस में यह समझाना भी मुश्किल था कि कैसे यह मामला हाथ में नहीं आ रहा, लेकिन क्या कर सकते थे। एक दिन ख़राब हो चुका था, अब बस एक ही दिन हाथ में था कि यह जोड़ा नहीं मिलने आया तो इतनी दूर आना बेकार हो जायेगा। सुबह में मि. अग्रवाल का फ़ोन आया कि हम वहाँ नहीं आ सकते, क्योंकि गाड़ी नहीं है हमारे पास। फिर मैंने कहा कि कोई बात नहीं हम आ जाते हैं आपको लेने, लेकिन आपको हमारे साथ आना होगा, क्योंकि दिल्ली से हमारे साथ एक कपल आया है, जो आपसे मिलना चाहता है। यह सुनकर लगा कि मि. अग्रवाल कुछ सोचने लगे। बोले ठीक है लेकिन आप पहले हमें लेने आइए, आपके साथ जाने की बाद में सोचेंगे।

मुझे लग रहा था कि यह शख़्स बहुत परेशान कर रहा है। मिलने से मना भी करता है और हाँ भी करता है, लेकिन मेरे पास अब ज़्यादा वक़्त नहीं था इसलिए किसी भी तरह उसे मिलना पहले ज़रूरी था, क्योंकि यह शख़्स कई लोगों के बीच की कड़ी है। बहुत सारे अलग-अलग राज्यों के जोड़ों से इसने सम्पर्क बनाया है।

12 बजे का समय हो गया था मैंने अपने पार्टनर के साथ निकलने का प्लान बनाया और अपनी टीम के दोनों और सदस्यों को रिसॉर्ट में रुकने को बोला। ड्राइवर को भी मैंने मना कर दिया। क्योंकि मुझे लगा वे दोनों हमारे साथ आते हैं तो गाड़ी में बातचीत ज़रूर होगी। जिसके चलते गाड़ी में दोनों कैमरे लगाने होंगे। यह सोच कर प्लान फाइनल किया और हम दोनों सरिस्का से अलवर निकल पड़े। जब हम अलवर पहुँचे तब एक सड़क जहाँ बहुत कम लोग दिखाई दे रहे थे, वहाँ हमें बुलाया गया। हमने कैमरे भी गाड़ी में सेट कर दिये। पीछे की सीट में ऑडियो के लिए लेपल छिपा कर कैमरे से जोड़ दिया। पर्स में छिपा कैमरा दोनों सीट के बीच रख दिया और दूसरा कैमरा डेसबार्ड पर रखा, जिससे दोनों के चेहरे ठीक से मिल जायें। अब इन्तज़ार था उन दोनों का, जिन्होंने मिलने से पहले ही काफ़ी परेशान किया और इसी वजह से अब भी शक यह था कि कहीं वे दोनों न आयें।

एक घण्टा हो चुका था, कई बार कैमरा ऑन करके फुटेज डिलीट करके ऑफ़ कर दिया जा चुका था। इस बीच मैं और मेरा पार्टनर उस सुनसान सड़क पर कोई दिखता तो यही सोचते थे कि वे दोनों तो नहीं आ रहे।

इसी बीच हमारी गाड़ी के काफ़ी क़रीब पहुँचा एक जोड़ा जो हमें लगा ही नहीं कि यहाँ वे दोनों हो सकते हैं, जिनका हमें इन्तज़ार था। तेज़ क़दमों से एक छोटे से क़द का आदमी एक औरत से आगे चल रहा था और उससे कुछ क़दम पीछे एक औरत, जिसका घूँघट इतना लम्बा था कि उसका चेहरा ही नहीं दिख रहा था,

अगर कुछ दिख रहा था तो वह था उसका बड़ा-सा मंगलसूत्र, साड़ी का रंग हरा था। बड़ा-सा बॉर्डर था साड़ी पर। ऐसा लग रहा था कि वे किसी शादी में जा रही है। शायद, लेकिन वे किसी शादी में नहीं जा रहे थे, क्योंकि ये ही दोनों शख़्स हैं जिन्होंने हमें मिलने में काफ़ी...दिखाया। मि. अग्रवाल और उनकी बीवी दोनों हमारे सामने हैं। इस बात का यक़ीन तब हुआ जब वे दोनों सीधे हमारी गाड़ी में आकर बैठ गये। उन्होंने हमारी गाड़ी का नम्बर और बाक़ी की जानकारी पहले ही ले ली थी, इसलिए उन्हें यह पूछने की ज़रूरत ही महसूस नहीं हुई कि हम उनका इन्तज़ार कर रहे हैं या नहीं।

जैसे ही मि. अग्रवाल की बीवी (जिसका नाम रूपाली और मि. अग्रवाल का नाम जगदीश कर देते हैं) गाड़ी में बैठी और अपना घूँघट उठाया तो मुझे गाड़ी के शीशे में उनकी माँग में अच्छा-ख़ासा सिन्दूर भरा दिखाई दिया। जैसे उस महिला ने पूरी डिब्बी अपनी माँग में भर ली हो यह सब देखकर मैं और मेरा पार्टनर जो आगे बैठे थे, दोनों के लिए कोई भी सवाल पूछना या यह समझना मुश्किल था कि ये दोनों वाइफ़ स्वॉपिंग करते हैं। (कैमरे ऑन किये जा चुके थे)

हम सोच ही रहे थे कि कैसे बात शुरू करें कि रूपाली झट से बोली कि आप लोगों को परेशानी तो नहीं हुई। हमने कहा, ख़ास नहीं, बस आप लोगों ने मिलने में काफ़ी समय लिया।

रूपाली : हाँ, उसकी वजह यह थी कि हम कहीं ग़लत लोगों से न मिल लें। बस आपको ऐसे ही परेशान किया लेकिन आप भी समझते हैं यह तो।

घूँघट में छिपी हया घूँघट रखने का ड्रामा कर रही थी या घूँघट सिर्फ़ समाज का थोपा गहना ही है इस महिला के लिए। जैसे घूँघट हटा उसके चेहरे के मेकअप पर दिख रही वह लाल लिपस्टिक और तेज़ी से हो रहे सवालों की बारिश सब साफ़ सामने था। जैसे कोई धुँधली चादर हट गयी और सामने साफ़ तस्वीर आ गयी हो लेकिन सस्पेंस तो अभी बाक़ी था इस तस्वीर का।

मैंने कहा, मि. अग्रवाल यह आपकी बीवी हैं? मतलब आप दोनों पति-पत्नी कुछ अलग-अलग से हैं दिखने में। दोनों का लुक मैच नहीं हो रहा बिल्कुल (क्योंकि रूपाली थोड़ी लम्बी थी और जवान भी ज़्यादा दिख रही थी)।

तो जगदीश बोला कि अरे किसी और की बीवी थोड़े लेकर आऊँगा। यही है जो है। इसने तैयार होने में समय ज़्यादा ले लिया इसलिए देर हो गयी और मिलने से पहले तसल्ली करना ज़्यादा सही है।

मैंने कहा, ठीक है, लेकिन यहाँ गाड़ी में बैठकर बात करने की जगह आप हमारे साथ चलें तो उस कपल से मिल सकेंगे। तो तुरन्त रूपाली बोली।

रूपाली : क्या इन्तज़ाम है वहाँ?

मैंने कहा, दो कमरे हैं चिन्ता न करो लेकिन रूपाली का स्वभाव काफ़ी खुला दिखा।

क्योंकि रूपाली की पत्नी वाली छवि देखकर उससे कुछ भी पूछने से हिचक रही थी मैं। लेकिन अब रूपाली का बिन्दास बरताव दिखने लगा। जिस तरह उस घूँघट को उसने न सिर्फ़ सर से हटाया, बल्कि पूरी तरह छोड़-सा दिया। उससे लगा कि ब्लाउज से न पिनअप किया होता तो शायद वह पल्लू वहाँ भी न टिकता। रूपाली मेरे पार्टनर से काफ़ी ख़ुश होकर बात कर रही थी। हम रिसॉर्ट की तरफ़ निकल पड़े। इस बीच दोनों की बातें काफ़ी ज़्यादा दिलचस्प हो गयीं।

अग्रवाल : हम तो काफ़ी बड़े सर्कल में हैं। लगभग हर जगह के कपल जो स्वॉपिंग करते हैं, सबको जानते हैं और सारे तरीक़े आते हैं। मेरी बीवी को भी एक्सपर्ट बना दिया है। आप इससे बात तो करो।

सिमरन : हाँ, देख रहे हैं वे तो। कितने टाइम से मेनटेन किया है सर्कल।

अग्रवाल : कई साल हुए। सब परिवार जैसा है। एक-दूसरे की बीवी के साथ ख़ूब ख़ुश हैं लेकिन मेरी बीवी को सबने पसन्द किया। मैंने इसे तैयार किया है उस तरह।

रूपाली : और मुझे मज़ा भी आता है चाहे यह न करें किसी के साथ, लेकिन मैं तो ज़्यादा ही गरम हो जाती हूँ। यह जब बाहर जाते हैं तब मुझे सेक्स टॉय दे जाते हैं।

सिमरन : क्या आपको ज़रा हिचक नहीं लगती या आप अपनी मर्ज़ी से?

रूपाली : ये बिज़नेस मैन हैं। बाहर कई दिनों के लिए जाते हैं। घर में किसको बोलूँ, क्या बोलूँ पहले काफ़ी अजीब लगता था, लेकिन अब तो सब मज़े के लिए है। खुलकर जियो यह भी मना नहीं करते तो मुझे क्या दिक़्क़त है। ये ही है जिन्होंने हमें सबसे मिलवाया। पहले मैं बहुत शर्मीली थी। किसी से ऐसे मिलने के बारे में इनको मना कर देती थी, लेकिन अब इनसे पीछे हूँ मैं। कम उम्र के लड़के ज़्यादा पसन्द हैं मुझे और उनके बराबर का काम करती हूँ।

(जब रूपाली यह सब बोल रही थी तब मेरी और मेरे पार्टनर की ज़ुबान जम गयी लेकिन उसका पति भी शायद कुछ बोलना चाहता ही नहीं था।)

मुट्ठी भर सिन्दूर, भारी मंगलसूत्र और दो किलो की साड़ी में दबी यह महिला जैसे ख़ुद को पूरी तरह नंगा साबित करने पर तुल गयी थी अपने शब्दों से।

मैंने बीच में टोकने की हिम्मत की, गाड़ी चलाते हुए मैंने कहा कि यह आप ख़ुद के मन की बात बोल रही हैं या अग्रवाल जी सिखा कर लाये हैं।

रूपाली : इन्होंने भी बताया है लेकिन मैं जिसमें एक्सपर्ट हो गयी हूँ तो बताना ज़रूरी है ना!

बीच-बीच में जगदीश कुछ ऐसी बातें बोलता, जिससे रूपाली और ज़्यादा खुलकर बोलती।

जगदीश : यह काफ़ी हॉट है, ऐसे ही बोलते हो न आप लोग। ऐसे कम लोग मिले होंगे आपको जिनकी बीवी इतनी हॉट हो। मैंने इसके लिए कोई कमी नहीं छोड़ी बल्कि जब किसी से स्वैप करना हो तो मैं ख़ुद फाइनल करता हूँ इसके लिए कि अच्छा आदमी हो इसकी टक्कर का।

सिमरन : आपकी बीवी इतनी ज़्यादा चाहत रखती हैं तो आपको ज़रूरत ही क्या है स्वैप की?

जगदीश : तो क्या हुआ यह तो अच्छा है न कि मेरी बीवी को और को भी मज़ा देने का मौक़ा मिलता है मैं इसलिए करता हूँ स्वॉपिंग कि मुझे अच्छा लगता है कि मेरी बीवी किसी और के साथ सेक्स करे। वो मज़ा लेती है तो मुझे मज़ा आता है। मैं बहुत ज़्यादा नहीं कर सकता, लेकिन इसे करते देख मैं पूरा मज़ा लेता हूँ इसलिए मैंने इसे एक्सपर्ट बनाया कि यह करे और मैं उस ख़ुशी को पा सकूँ। यह मेरी उस ख़ुशी के लिए करती है और ख़ुद भी मज़ा लेती है।

इन दोनों की बातें सुनकर मेरे सवाल होंठों में ख़त्म से होने लगे लेकिन मैंने हिम्मत की फिर से और पूछा आपके कितने बच्चे हैं।

जगदीश : एक बेटी 16 साल की।

सिमरन : क्या वह जानती है इस बारे में।

जगदीश : पूरी तरह नहीं थोड़ा-थोड़ा वह 18 साल की हो जाये तो पूरा बता देंगे, क्योंकि समझाना तो होगा न उसे भी कैसे करना है।

सिमरन : कैसे करना है मतलब?

जगदीश : मैं चाहता हूँ कि हम दोनों जो मज़ा ले रहे हैं वह भी ले। उस मज़े के लिए मैं उसे हम ग्रुप में लाना चाहते हैं। अभी तक हम दोनों सबसे ज़्यादा पसन्द हैं हमारे ग्रुप को। फिर वह भी आये तो पूरा परिवार शामिल हो जायेगा। वैसे भी हम सबसे बात नहीं करते।

हम बनिये हैं। हम अण्डा तक नहीं खाते तो हम बात भी उनसे करते हैं, जो अण्डा मांस-मच्छी न खाता हो। हमारी तरह अच्छे परिवार से हो। पारिवारिक हो। अपनी बीवी के साथ आयें, किसी और की बीवी न लायें तभी मज़ा आता है।

ये बातें सुनकर तो दिमाग़ ने सोचना ही बन्द कर दिया। ऐसा लगा कि कहीं ये दोनों बीमार तो नहीं हैं। कैसे कोई अपनी बेटी को इस गन्दगी में लाने की बात कर सकता है और फिर स्वॉपिंग के लिए ऐसे दायरे बना रहा है जैसे बेटी की शादी के लिए परिवार देख रहा हो। कुछ समझ नहीं आया कि इस आदमी को क्या कहें। मुझे ऐसी बातें सुनकर कुछ शक हुआ तो मैंने पूछ लिया कि अग्रवाल जी ऐसी बातें तो कोई दलाल करता है मेरी बात का बुरा न मानना।

तो अग्रवाल जी भड़क उठे कि यह मेरी बीवी है और मैं उसकी दलाली कैसे कर सकता हूँ। हम अच्छे परिवार से हैं। हम किसी वेश्या के पास नहीं जा रहे हैं। हम दोनों परिवारों से मिलते हैं, जो हमारे जैसे हैं। हमारी तरह मज़ा करना चाहते हैं शादी के बाद सब बोर हो जाते हैं और मैं अपनी बीवी को सन्तुष्ट नहीं कर पाता इसलिए उसके मनोरंजन को भी नहीं रोकता। पुराने ज़माने में देखो लोग क्या-क्या करते थे, हम तो सिर्फ़ स्वॉपिंग करते हैं। सेक्स बना ही इसलिए है कि करें। तो मैं अपनी बीवी को क्यों रोकूँ। अब तो ये ख़ुद चाहती है। हम पैसे का लेना-देना नहीं करते और जिनसे करते हैं उन्हें जानते भी नहीं कि बीवी के बदले काम करायें और बीवी को धक्का भी नहीं दिया, इससे वह धीरे-धीरे ख़ुद मज़ा लेने लगी।

फिर ग़लत क्या है हमारे कई लोग हैं ग्रुप में जो सब हमारे जैसे हैं।

यह आदमी जो बोल रहा था उसकी सफ़ाई थी या फिर तैयार करके साथ-साथ पेश कर रहा था, तो क्या ऐसा इन्सान जो दलदल को ख़ुशबू के रूप में चन्दन बना कर लपेट रहा हो उससे क्या पूछा जाये या क्या समझाया जाये, यह समझ में नहीं आ रहा था। इसी बीच हम रिसॉर्ट पहुँच गये। गाड़ी में शूट किया वह रिकॉर्ड हो गया था और अब वक़्त था कि उन्हें दूसरे कपल से मिलवाया जाये और बाक़ी सच अगर बचा है तो उसे जानने की कोशिश करनी है। दीक्षा और अरुण दोनों काफ़ी देर से इन्तज़ार कर रहे थे, अब जो शूट हुई है उसे लैपटॉप में ट्रांसफ़र कर डिलीट करना था, जिसे इन दोनों को फिर से शूट किया जा सके। इसलिए कुछ देर तक खाना-पीना ऑर्डर करने में वक़्त निकाला, फिर दोनों के लिए अलग-अलग कमरे में कैमरे सेट कर दिये गये। अब बाक़ी बातचीत शुरू करने का सिलसिला शुरू हुआ लेकिन इस बीच रूपाली समझ चुकी थी कि अरुण के उसको क़रीब आना है और जगदीश दीक्षा पर नज़र लगाये बैठा था। अब दोनों में थोड़ा ज़्यादा कम्फर्ट लेवल दिखने लगा तो जगदीश ने कहा कि अरुण को रूपाली के साथ कमरे में अकेले बात करने दे और बातें करते हुए वह दीक्षा को दूसरे कमरे में ले गया।

लेकिन दीक्षा को सुरक्षित रखना भी बेहद ज़रूरी था, इसलिए मैं भी उनके साथ कमरे में गयी और दरवाज़ा खुला रखा, ताकि ऐसी कोई स्थिति न आये। जिससे निपटना बाद में मुश्किल हो इसलिए मैंने इस बात का ध्यान रखा कि हम सिर्फ़ सवाल जवाब तक ही रहें। क्योंकि दीक्षा मेरे ऑफ़िस की ही थी जिसकी सुरक्षा बेहद ज़रूरी थी, इसलिए मेरी नज़र जगदीश पर बराबर बनी हुई थी जिससे जगदीश कोई ऐसी हरकत करने की सोच भी न सके।

लेकिन जगदीश लगातार कोशिश कर रहा था बहाने बनाते हुए कि मैं कमरे से बाहर चली जाऊँ। क्योंकि उसे लग रहा था कि उन दोनों को हमने स्वैप के लिए बुलाया है। लेकिन यह सच नहीं था क्योंकि दूसरे कमरे में अरुण रूपाली से ख़ुद बचकर बेड के दूसरे कोने पर बैठा था और उसे बातों में उलझा कर रखे था। जिससे उसके स्वैप करने की असली वजह पता लग सके। लेकिन वहाँ की स्थिति कुछ और ही थी, क्योंकि रूपाली तो स्वैप के लिए बैठी थी, इसलिए अरुण ने समझदारी दिखाते हुए उससे दूरी बनाये रखी। दोनों की मुसीबत समझते हुए हमने उन्हें जल्द निकालने की सोची। क्योंकि यह पहला ऐसा जोड़ा था, जो बिना किसी झिझक के तुरन्त तैयार था। बस मिलने से पहले इन्होंने एक शर्त रखी थी जो बताना भूल गयी मैं। इन्होंने कहा कि दिल्ली में मेरा एक कपल दोस्त आपके क्लब के किसी जोड़े से पहले दिल्ली में स्वैप करेगा, तभी हम मिलेंगे। ऐसे में मैंने किसी को जोड़ा बनाकर दिल्ली में इनसे मिलवाया, लेकिन स्वैप नहीं करना था इसलिए कोई फेमिली प्रॉब्लम दिखाकर इन्हें किसी तरह विश्वास में लिया। तब जाकर यह मिलने को तैयार हुए।

इनको भेजने की तैयारी की हमने और इनके निकलते ही हमने भी तुरन्त निकलने की तैयारी कर ली, क्योंकि कोई झूठ न पकड़ा जाये इसलिए हमारा होटल बदलना ज़रूरी था।

मुम्बई–जूहु की मुलाक़ात

वैसे तो यह शहर हर दौर देख चुका है, लेकिन मैं सोच भी नहीं सकती थी कि जो सच मैं छोटे शहरों में देखकर दंग थी, यहाँ सब उलटा हो जायेगा। दिल्ली में शूट करते हुए सिर्फ़ कुछ घण्टों के नोटिस पर मुझे मुम्बई में इसी स्टोरी को फॉलो करने के लिए भेज दिया गया। यहाँ के लिए मैं पूरी तरह तैयार नहीं थी। समझ नहीं पायी कि कैसे शुरू करूँ, किससे मिलूँ, कैसे इस शहर में ढूँढ़ू ऐसा जोड़ा। तो मैंने दिल्ली में बैठे उन लोगों को सम्पर्क किया जो मुझ पर विश्वास करने लगे थे कि मैं सच में एक स्वॉपिंग क्लब की मालकिन हूँ। इसलिए उनसे मैंने किसी कपल का नम्बर पूछा जो मुम्बई में स्वॉपिंग करना चाहता हो। ऐसे में एक शख़्स से मेरी फ़ोन पर बात हुई। वह शख़्स अँधेरी में रहता था और उसकी दो बेटियाँ भी हैं। उसने तुरन्त कहा कि मैं अपनी बीवी के साथ मिलने आता हूँ। मैंने उन्हें जुहू तारा रोड पर एक चौपाटी है वहीं बुलाया। मैंने उनको छह बजे का समय दिया और मैं वक़्त पर वहाँ पहुँच गयी। यहाँ मुझे लोगों की भीड़ में उनसे बात करनी थी और उसे शूट भी करना था, इसलिए छह बजे से पहले पहुँचना था लेकिन इन्तज़ार करना पड़ा एक घण्टा। मुझे लगा कि यह जोड़ा नहीं आयेगा। लेकिन तभी मुझे फ़ोन आया कि थोड़ा और वक़्त लगेगा, तब मैंने सोचा ठीक है। इन्तज़ार करती रही वहीं एक टेबल पर बैठकर कि थोड़ा और वक़्त, ऐसा करते हुए नौ बज चुके थे। मुझे थोड़ा अजीब लगा। ऐसा लगा कि दोनों मुझे कहीं से देख तो नहीं रहे। ऐसे में मैंने चारों ओर देखा तो एक औरत मुझे काफ़ी डरी-सहमी दिखी। यह औरत फ़ोन बूथ पर खड़ी थी। और अपने पल्लू को अपनी अँगुली में बार-बार लपेट रही थी खोल रही थी। उसे देखकर मुझे कुछ अहसास हुआ। शायद यह वही औरत है, जो मुझसे अपने पति के साथ मिलने आ रही है और जैसे मुझे फिर से फ़ोन आया तो बात साफ़ हो गयी। जैसे मुझे कॉल आया तो उस शख़्स ने कहा कि मेरी पत्नी थोड़ी हिचक रही है, मिलने से तो आप एक बार बात कर लें।

जैसे फ़ोन उसने अपनी बीवी को दिया तो मैंने देखा कि जिस औरत को मैं देख रही थी, वही औरत मुझसे फ़ोन पर बात कर रही थी। उसकी आवाज़ बहुत डरी हुई थी। उसने कहा कि मिलना ज़रूरी है क्या? मैंने कहा आप चिन्ता न करें और मैं आपसे 10-15 क़दम ही दूर हूँ तो मिलकर चली जाना ठीक होगा। मेरे बोलने पर वह आ गयी।

दोनों आकर टेबल पर बैठ गये। पति ने शराब पी रखी थी उसके मुँह से बदबू आ रही थी। उसने अपनी बीवी से मिलवाया और डरी हुई उस औरत ने कहा कि ये मुझे बोले कि शादी में जाना है। तब मैं आयी, लेकिन यहाँ आकर पता चला कि यह मुझे फिर से अदला-बदली के लिए ले आया है। मैंने उस महिला से पूछा कि आप तैयार नहीं हैं। आपका पति ज़बरदस्ती से लाया है क्या?

उसने कहा कि इन्होंने मुझे बोला कि हमें शादी में जाना है। और यहाँ ले आया वरना मैं नहीं आती। हमारी दो बेटियाँ हैं और मैं नहीं चाहती उन्हें कभी यह पता चले कि उनके पिता ऐसे शौक़ रखते हैं।

मैंने पूछा, अगर आपको पसन्द नहीं तो यह क्यों और कैसे शुरू हुआ।

उस औरत ने बताया कि एक बार अख़बार में इन्होंने पढ़ा मनोरंजन के लिए सम्पर्क करें। ऐसे में इन्होंने वहाँ फ़ोन किया और यह सब शुरू हुआ और मेरे घर की ख़ुशियाँ चली गयीं। मेरी बेटी अपने पिता को बहुत प्यार करती है और यह भी दोनों को बहुत चाहते हैं।

इसी बीच उसका पति बोला मेरी बेटियाँ हीरा हैं वे मेरी जान हैं। मेरे बेटे हैं वे। मैं तो इसको भी चाहता हूँ।

इसी बीच मैंने उसकी पत्नी से पूछा कि जब आप नहीं चाहतीं तो रोका नहीं कभी क्या?

वे बोलीं, बहुत समझाया, लेकिन यह मानता नहीं। ज़बरदस्ती किसी से भी मिलवाता है। मैं कई बार मना कर चुकी हूँ, हर बार किसी तरह ख़ुद को बचाती हूँ। एक बार तो यह अपने दोस्त के साथ मुझे अकेले कमरे में बन्द कर चला गया तो मैंने उसके पैर पकड़ लिये कि मुझे हाथ न लगाये और पूरी रात उसने मुझे नहीं छुआ। लेकिन कब तक बचा पाऊँगी ख़ुद को। बच्चों को बता नहीं सकती।

दरअसल, इस वक़्त उसका पति काफ़ी नशे में था, तो उसने मुझे यह सब बताया। उसने कहा कि मैं आपसे भी प्रार्थना करती हूँ कि मुझे किसी से न मिलवाना। आप समझ सकती हैं मैं अकेले मिलने गयी थी इसलिए उसने खुलकर मुझसे बात की वरना शायद वह कुछ न बोल पाती।

मैंने पूछा अगर तुम्हारा पति नहीं माना तो वैसे भी अभी आप दोनों की शादी को काफ़ी टाइम हो गया लगता है।

उसने बताया कि शादी को 24 साल हो गये हैं और अब तक बर्दाश्त किया लेकिन यह घर तक कुछ लाया तो मैं इसका ख़ून कर दूँगी। बस तब तक चुप हूँ जब तक यह बाहर ही सब गन्दगी फैला रहा है। उस औरत की नज़रों में ग़ुस्सा और चेहरे पर बेबसी साफ़ थी कि उसका पति वाइफ़ स्वॉपिंग की लत का शिकार हो चुका है और उसके घर में ही उसकी इज़्ज़त सुरक्षित नहीं है। उसने बताया कि उसे डर रहता है कि कब किससे किसी भी दिन अचानक से उसका पति मिलवा दे, जैसे हमसे मिलवाया। यह भद्र महिला सिर्फ़ अपनी दो बेटियों के लिए यह सब बर्दाश्त कर रही थी। क्यों ऐसा होता है कि औरत बर्दाश्त कर भी हर पल मरते हुए अपने घर को बचाने में अकेले लगी रहती है? क्यों घर के ठेकेदार बनने वाले ये पति अचानक अपनी सीमाएँ बदल लेते हैं। ख़ैर, इस महिला ने साफ़ बता दिया कि वह कितनी मजबूर है और अपने अन्दर एक आग पाल रही है जो कभी भी किसी भी दिन एक घटना को जन्म दे सकती है।

जुहू बीच पर उस दिन तो इस महिला के साथ मैंने इतनी ही बातचीत की, लेकिन दो दिन बाद मेरी टीम से अरुण मुम्बई पहुँच रहा था और उसके बाद आसिफ़ और दीक्षा भी आने वाले थे। मैंने सोचा जब अरुण आता है, तब अरुण के साथ एक बार फिर से इस महिला से मुलाक़ात की जाये। हालाँकि मैं जानती थी कि यह महिला दोबारा मिलते वक़्त हमारे साथ ख़ुश नहीं होगी, काफ़ी असहज हो जायेगी, लेकिन मैं देखना चाहती थी कि महिला जो किसी पुरुष से नहीं मिलना चाहती है, अगर उसे किसी से मिलवाया जाये तो वह क्या करेगी मेरे साथ। वह काफ़ी सहज हो चुकी थी, अपने दिल की बात भी बता चुकी थी, अपने परिवार के हाल भी बता चुकी थी। अब मैंने एक बार फिर से कोशिश की इससे मिलने के लिए। मैंने उसके पति को फ़ोन किया और कहा कि मेरे साथ मेरे पार्टनर मुम्बई पहुँच चुके हैं। मैं चाहती हूँ कि आप दोनों एक बार हमसे फिर मिलें और मैं आपको अपने पार्टनर से मिलवा दूँगी। आपकी पत्नी मुझसे मिलकर ख़ुश हुई थी, ऐसे में उनको दोबारा मिलने में परेशानी नहीं होनी चाहिए। मुझे याद है, अब हम जुहू के एक रेस्तराँ में मिले थे। वहाँ पर एक बार फिर मुझे कई घण्टे इन्तज़ार करना पड़ा। मैं अरुण के साथ बैठकर कॉफ़ी पी रही थी और मैंने उनको सारी बात बतायी। कैसे जुहू चौपाटी बीच पर ऐसे मिली। क्या हुआ कि वह महिला डरी हुई है। वह खुलकर बात नहीं करना चाहती और वह किसी भी पुरुष से बात करते हुए थोड़ी आक्रामक

भी हो सकती है। उससे पहले हम से अलवर में, दिल्ली में और सोनीपत में कई जोड़े मिल चुके थे, अब तक हमको भी समझ आ चुका था कि किसी महिला से बात करते हुए उसे किन बातों का ध्यान रखना है। वैसे भी हम लोगों में बैठे थे, एक पब्लिक प्लेस में बैठ कर बात करने में किसी को भी कोई परेशानी नहीं होनी चाहिए थी। काफ़ी इन्तज़ार करने के बाद, कॉफ़ी के ख़त्म करने के बाद ये दोनों नज़र आये और उसकी पत्नी एक बार फिर से उसी उलझन में, कशमकश में नज़र आयी, लेकिन जब उसने मेरा चेहरा देखा तो वह थोड़ी-सी सहज हुई। हालाँकि अरुण के चेहरे को देखकर वह थोड़ी-सी परेशान ज़रूर नज़र आ रही थी। उसे समझ नहीं आ रहा था कि पिछली मुलाक़ात में उसने मुझसे जो भी कहा और जितनी भी मिन्नतें कीं कि मैं उसे किसी से नहीं मिला रही हूँ। उसके बाद भी मैं किसी के साथ बैठी हूँ और उसे मिलवाने लायी हूँ, यह देखकर काफ़ी बेचैन-सी हो गयी। उसकी बेचैनी उसके चेहरे पर साफ़ पढ़ सकते थे, इसलिए मैं दो क़दम आगे उठकर गयी। मैंने उसे कहा कि आप परेशान न हों हम सिर्फ़ कॉफ़ी पीने आये हैं, आप से बात करेंगे और चले जायेंगे फिर उसने मुझे कहा कि देखा मैंने पिछली बार भी आपको बताया था कि यह आदमी मुझे कभी भी सच बोलकर कहीं नहीं ले जाता। आज भी इसने मुझे झूठ बोला और नहीं बताया कि आपसे मिलवाने ला रहा है। मैं इसकी बातों से बहुत परेशान हूँ फिर वह मुझे एक कोने में ले गयी और उसने पूछा कि आपके साथ यह कौन है? मैंने बताया कि मेरे पार्टनर हैं लेकिन आपको डरने की ज़रूरत नहीं है। ये आपके साथ चैटिंग नहीं करेंगे, आपके पति को ज़्यादा शक न हो और हम एक बार फिर आपसे मिल लें, उससे आपके पति को भी तसल्ली हो जायेगी क्योंकि सिर्फ़ एक मुलाक़ात के बाद मैं ग़ायब हो जाती तो आपके पति को यह शक ज़रूर होता कि आपने मुझे कुछ बताया है, इसलिए मैंने सोचा कि एक बार फिर मिल लेते हैं। वैसे भी हम लोग वापस दिल्ली जा रहे हैं। मैंने बताया कि अरुण मेरा पति है और हम स्वॉपिंग क्लब में अभी तक किसी के साथ भी स्वाइप में शामिल नहीं हुए हैं। अभी हम देख रहे हैं और लोगों से मिल रहे हैं। ऐसा मैंने उसे इसलिए भी कहा ताकि उसे यह लगे कि हमें ऐसी कोई भी आदत नहीं है। उसे मैंने थोड़ी-सी राह दिखायी थी। अरुण को उससे बात करनी थी, इसी बीच उसका पति उठकर बाहर चला गया। वह कहाँ गया पता नहीं क्योंकि थोड़ी देर के लिए बोल कर बाहर गया लेकिन आया आधे घण्टे के बाद। आधे घण्टे में और उस महिला ने काफ़ी बातचीत की। 10 मिनट के लिए मैंने भी दोनों को अकेले में छोड़ दिया, ताकि अरुण उससे बात करके शायद कुछ उन बिन्दुओं पर ज़्यादा ध्यान दे सकता है या उसके मन की

बात को और ज़्यादा निकाल सकता है, जो उसने मुझे नहीं कही हो, लेकिन अरुण ने बाद में मुझे बताया कि महिला ने अरुण के सामने अपनी तकलीफ़, एक लाचारी के साथ रखी। उसने कहा कि आप मुझे हाथ मत लगाइएगा और अगर अगली बार मेरा पति आपके साथ मुझे किसी अकेले कमरे में छोड़ भी दे तो आप मुझे नहीं छेड़ेंगे इसका वादा आप मुझे कीजिए। उस महिला ने उनसे कहा कि आप एक अच्छे परिवार के व्यक्ति लगते हैं और आपके साथ आपकी पत्नी भी अच्छी नज़र आती हैं। आप दोनों ख़ुश क्यों नहीं हैं। आप दोनों स्वॉपिंग क्यों करना चाहते हैं। यहाँ पर उलटा अरुण से सवाल कर रही थी। अरुण ने वही टिपिकल कुछ जवाब दिये जो हम लोगों ने रखे हुए थे। अरुण ने कहा कि हम युवा हैं और हम देखना चाहते हैं कि क्या वाक़ई पति-पत्नी स्वॉपिंग भी कर सकते हैं। हमने अभी तक ऐसा नहीं किया है और हम दोनों में प्यार भी बहुत है लेकिन लोग ऐसा क्यों करते हैं ऐसा समझने की कोशिश कर रहे हैं। उसने अरुण को समझाया कि ऐसी कोई भी आदत अपने जीवन में मत डालिएगा बच्चों के सामने जाना काफ़ी मुश्किल हो जाता है। उसने अरुण को भी यही बताया कि उसकी दो बेटियाँ हैं और वह अपनी बेटियों तक ऐसी कोई भी बात घर में नहीं लाना चाहती है। अभी बेटियों को पता ना चले इसलिए चुपचाप पति के साथ बाहर तो आ जाती है, लेकिन किसी भी मर्द के साथ स्वॉपिंग करने के लिए तैयार नहीं होती है। अभी कुछ वक़्त तक पति भी उसकी बात सुन लेता है, लेकिन कहीं किसी से मिलवाने के लिए मौक़ा नहीं चूकता। इसको सिर्फ़ एक औरत चाहिए, पैसे देकर कहीं नहीं जाता। कहता है कि मैं अच्छे घर का हूँ मुझे अच्छे घर की औरत ही चाहिए। तमाम बातें कुछ वैसी ही थीं जैसी और बाक़ी जोड़ों से हमें सुनने को मिलीं। अरुण की और उसकी बातचीत ख़त्म हुई। मैं भी उनकी बातचीत में शामिल हो गयी। अब मेरे पास उस औरत से बात करने के लिए बहुत ज़्यादा कुछ नहीं था। एक ही बात वह कई बार हमें अपने दर्द के साथ बता चुकी थी। हमने कॉफ़ी ख़त्म की और वहाँ से चलने के लिए उनको बोला। हमने बताया कि अब हम लौट रहे हैं, कभी फ़ोन कर बात करेंगे।

दरअसल, मुम्बई की स्टोरी के बाद हमें पुणे जाना था, इससे पहले मेरी टीम के बाक़ी और दो सदस्य को मुम्बई पहुँचना था। जून में इस महिला से मिलने के बाद हमें रात को ही मुम्बई से पुणे के लिए गाड़ी लेनी थी। पुणे में भी एक कपल, जिससे मेरी बात हुई थी, उससे हमें मिलना था, ज़िन्दगी में पहली बार मैं मुम्बई गयी थी स्टोरी के लिए और उसके बाद उससे भी पहली बार मिलने जा रही थी। शाम को हम चारों मिले और फिर पुणे के लिए लोखण्डवाला के रास्ते होते हुए निकल

पड़े। पुणे में हमने होटल में कमरा लिया जो काफ़ी पुराना था, हमें अक्सर ऐसे ही लोकेशन को तलाशना पड़ता था, जहाँ पर आमतौर पर लोग आते-जाते न हों और कोई भी हमारी स्टोरी को लेकर तफ़्तीश करने की कोशिश न करे। यहाँ पर हैं क्योंकि ऑफ़ रिकॉर्ड और ऑन रिकॉर्ड दोनों ही मक़सद ऐसे थे, जो लोगों की नज़र में आने नहीं चाहिए थे। मैंने उन लोगों को फ़ोन लगाया, उन्होंने फ़ोन उठाया।

मैंने कहा हम पहुँच चुके हैं, दरअसल कपल की उम्र 40 के आसपास थी और यह फ़ोन पर कम ही बात करता था। मेरी इससे एक ही बार बात हुई थी और वह भी जब मैं मुम्बई में थी। उसी दौरान कई कपल से बातचीत करने की कोशिश के दौरान मेरी उससे बात हुई। उसने कई सवाल मुझसे पूछे।

कितने लोग हैं? कहाँ रुके हैं? तमाम जानकारी देने के बावजूद यह कपल मिलने के लिए बहुत कम्फर्टेबल नहीं दिख रहा था। उसने कहा कि ठीक है, हम आपको मिलने के लिए एक मॉल है। उसका पता बतायेंगे। आप वहाँ जाना और वह हमारे घर के पास ही है। हमने सोचा जब बतायेंगे तभी हम निकल पड़ेंगे होटल से। क्योंकि पाँच मिनट की दूरी थी। हम होटल में इन्तज़ार करते रहे। हमने उसको फ़ोन किया, लेकिन उसने फ़ोन नहीं उठाया। मैंने कई बार फ़ोन किया फिर भी उसने फ़ोन नहीं उठाया। यहाँ मुझे लगा कि पुणे आने की पूरी कोशिश बेकार हो गयी है। यह कपल मिलने में बहुत डर रहा था। शायद उसको यक़ीन नहीं था कि हम उसके शहर में पहुँच कर उससे मिलने की कोशिश करेंगे। शायद इसीलिए उसने घबराते हुए हमें कोई जवाब भी नहीं दिया। हमारा पता भी पूछा और हमसे मिलने भी नहीं आया। पूरा दिन इन्तज़ार करने के बाद अगले दिन भी सुबह मैंने फ़ोन किया, लेकिन उसने फ़ोन नहीं उठाया। अब मैं समझ चुकी थी कि यह हमसे नहीं मिलने वाला। यह पहली बार था कि किसी शहर में पहुँचने के बाद हमारी किसी कपल से मुलाक़ात नहीं हुई। पूरा दिन होटल में वक़्त गुज़ारने के बाद और अगला आधा दिन भी निकलने के बाद फिर हमने यहाँ से निकलना ही बेहतर समझा। दिल्ली में मेरी बात कुछ और लोगों से भी हो रही थी। सोचा कि उससे मिल कर चला जाये।

मुम्बई का यह ट्रिप पूरा हुआ और मन में अब भी कई सवाल थे कि जिन लोगों से मैं मिली हूँ अगर वे सब साथ मिल जायें तो क्या बर्ताव होगा। मतलब इन सबकी क्यों न एक पार्टी की जाये। ज़रा पता तो लगे कि आमने-सामने आने पर ये समाज के जिन क़ायदों-नियमों का भाषण देते हैं क्या यह अपने असली चेहरे दिखा देंगे नक़ली नकाब हटा कर।

सेजल (बदला हुआ नाम)

जब मैं मुम्बई में थी, तब बिना किसी तैयारी के वहाँ पहुँच गयी थी। बस एक ही कपल का नम्बर मेरे पास था और यह नम्बर जिससे मुझे मिला था, उसके बारे में भी आपसे कुछ जानकारी साझा करती हूँ। दरअसल, यह व्यक्ति दिल्ली का ही रहने वाला था। दिल्ली की आलीशान रात की पार्टियों में अक्सर जाया करता था। शोर-शराबा, तेज़ रोशनी और ज़ोर से बजता हुआ संगीत इन सबके बीच सेजल अपने अच्छे जीवन का गुज़र कर लेता था। सेजल ने एमबीए किया हुआ था और सीए के तौर पर नौकरी भी कर चुका था, लेकिन इस युवा लड़के को ख़र्चे के लिए पैसे की ज़रूरत थी। बड़ी गाड़ी और फ़्लैट तमाम चीज़ें ख़रीदनी थीं, इसलिए रात की शराबी पार्टी में उन लोगों को ढूँढ़ लेता था, जो उसके साथ अलग से भी एक नेटवर्क का हिस्सा बन सके। इन पार्टी से सेजल ने कुछ लोगों के साथ अच्छे रिश्ते बना लिये थे। जहाँ से बिना किसी को उसकी पहचान पता लगे, वह पैसे कमाता रहे। मेरी भी बातचीत सेजल से उन पार्टी द्वारा हुई। जब स्टोरी की तलाश में इस नेटवर्क तक पहुँचने से भी पहले दिल्ली की आलीशान पार्टियों में मैं पहुँची, एक अच्छी ख़बर तलाशते हुए तब एक दलाल के तौर पर सेजल की मुझसे मुलाक़ात हुई। मैंने सेजल से पूछा कि कुछ ऐसे लोगों से मिलवाये जो शहर की ज़िन्दगी से दूर हों। अजीब बात यह थी कि सेजल ख़ुद नहीं जानता था, जिनसे वह मुझे मिलवा रहा है, वे लोग एक बड़े घरेलू स्वॉपिंग नेटवर्क का हिस्सा हैं। सेजल से मैं पहली बार स्वॉपिंग क्लब की पार्टनर बन कर मिली। दूसरी मुलाक़ात के वक़्त सेजल को मुझ पर कुछ शक हो गया, उसके बाद उसने मेरे बारे में तफ़्तीश करनी शुरू कर दी। सेजल अपने काम के मुताबिक़ कुछ जानकारी जुटा चुका था और जब मैं मुम्बई में थी, तब सेजल को काफ़ी हद तक यक़ीन हो गया था कि मैं एक पत्रकार हूँ, इसलिए सेजल ने मुझे फ़ोन किया और कहा कि मैं अपनी स्टोरी में अगर उसका

हिस्सा न दिखाऊँ तो वह स्टोरी में मेरी मदद कर सकता है। सेजल एक सभ्य परिवार से ताल्लुक रखता था लेकिन ज़्यादा पैसे की लालसा उसे इस नेटवर्क में ले आयी। उसके पास दो फ़ोन थे, एक लैपटॉप और एक एकान्त कमरा, जिसमें फ़ोन पर वह क्लाइंट से बात करता था। दूसरे फ़ोन से सीधे लड़कियों से बात करता था, मीटिंग फिक्स करने का हाई-फाई तरीक़ा था। अंग्रेज़ी में बात करते हुए क़ीमत और बढ़ जाती थी। लैपटॉप में जो डाटा कार्ड पोस्ट करता था, उसे बदलता रहता था। सेजल को इससे काफ़ी कमाई हो रही थी, इसलिए नौकरी से ज़्यादा तवज्जो अब वह इसी काम को देता था। जब सेजल ने मुझे यह कहा कि वह मेरी मदद करेगा, तब मैंने पूछा कि कितने लोगों को जानता है? कुछ लोगों के नाम उसने मुझे दिये। साथ ही मैं सेजल के दिमाग़ को भी जानना चाहती थी कि वह लड़कियों के लिए दलाली करते हुए क्या कभी ख़ुद भी इसमें शामिल हुआ है। उसने बताया कि काम पैसे के लिए कर रहा है। एक गर्लफ्रेंड है और वह ख़ुश है। उसे किसी भी नेटवर्क का हिस्सा बनने में कोई दिलचस्पी नहीं है और न ही उन लड़कियों को इस्तेमाल करने में। उनके लिए वह अप्वाइंटमेंट फिक्स करता है, अब यहाँ मेरे मन में कुछ सवाल आ जाते हैं। हमेशा की तरह कि हर व्यक्ति कुछ भी चाहे, लेकिन अपनी चाहत को सही साबित करने की पूरी कोशिश करता था। उसकी चाहत सही है या ग़लत यह फ़ैसला हर व्यक्ति ख़ुद ही कर लेता है और ख़ुद को उस हिस्से में लाकर खड़ा कर देता है जहाँ वह ख़ुद को सिर्फ़ और सिर्फ़ सही समझता है या फिर दोष हालात को देता है और ख़ुद को क्लीन चिट।

मिस्टर टिक्का

मुझे याद है, जब मेरी मुलाक़ात उन लोगों से हो रही थी, जो शादी के बाद भी वाइफ़ स्वॉपिंग में शामिल थे। तब कुछ लोग ऐसे भी मिले थे, जो वाइफ़ स्वॉपिंग का हिस्सा तो थे, लेकिन उनकी कहानी कुछ अजीब थी। दिल्ली की रोहिणी में रहने वाला एक व्यक्ति, जिसका नाम था मिस्टर टिक्का। उनसे फ़ोन पर जो बात हुई तो लगा कि यह भी एक शादीशुदा ज़िन्दगी जीते हैं और इसी वजह से वाइफ़ स्वॉपिंग का हिस्सा हैं। प्लान बनाया कि किनसे मिलने चला जाये, क्योंकि दिल्ली में ही रहते थे। हालाँकि दिल्ली के ऐसे लोगों की तलाश मुझे कम ही थी, क्योंकि मैं दूरदराज के इलाक़ों में बिल्कुल साधारण जीवन जीने वाले लोगों में उस कहानी को ढूँढ़ रही थी, जो सुनने में असहज लगती है। ख़ैर, मिस्टर टिक्का से मिलने की प्लानिंग शुरू हो गयी। मिस्टर टिक्का से मिलने हम रोहिणी के उनके फ़्लैट में गये। यहाँ पर मैं, मेरा क्लब का पार्टनर और साथ ही वह जोड़ा जो कि मैंने इन लोगों से मिलने के लिए झूठी कहानी के तौर पर बनाया था हम चारों उनसे मिलने उनके घर पहुँचे। इनके घर पर इनसे बात करते हुए वाइफ़ स्वॉपिंग क्लब के बारे में और कुछ ऐसा पता चला जो कि काफ़ी दिलचस्प था। मिस्टर टिक्का ने बताया कि उनकी पार्टनर इस वक़्त उनके साथ नहीं है लेकिन जल्द ही वह हमें उनसे मिल जायेंगे। मिस्टर टिक्का ने बताया कि कई सालों से वह इस नेटवर्क का हिस्सा है और कई पति-पत्नी के साथ में स्वॉपिंग भी कर चुके हैं। इस नेटवर्क में रहने के लिए जोड़े का होना बहुत ज़रूरी है, इसलिए मिस्टर टिक्का किसी से अकेले कम ही मिलते थे लेकिन हमें जब इन्होंने मिलने के लिए बुलाया तो कहा कि अपनी पत्नी से जल्द ही मिलवायेंगे। मुझे याद है कि उनके घर पर जब हम बात कर रहे थे, तब मेरी टीम के बाक़ी तीनों लोग भी मेरे साथ थे। हमारे पास स्पाई कैमरा तो था ही साथ ही मैंने ऑडियो बैकअप के लिए एक और कैमरा एक बैग में रखा था और यह बैग अरुण

के पास था। बातचीत करने के बाद मिस्टर टिक्का से मुलाक़ात अच्छी रही और हम वहाँ से निकले, गाड़ी में बैठने के बाद मैंने जो ख़ुफ़िया कैमरे से रिकॉर्डिंग की थी। उसे चेक किया और साथ ही अरुण को बोला कि वह ऑडियो चेक करें, लेकिन अरुण के पास वह बैग था ही नहीं। अरुण ने बताया कि वह बैग टिक्का के घर पर भूल आया है। इस वक़्त मुझे पूरा यक़ीन हो गया था कि स्थिति फँस सकती है, लेकिन हमारी पहचान उनके सामने न खुले, उससे पहले मुझे आइडिया आया और मैंने मिस्टर टिक्का को फ़ोन करके उनके घर के बाहर बुलाया। मैंने कहा टिक्का जी आप बाहर आइए मुझे आपसे कुछ बात करनी है और जितनी देर में वह बाहर आया, उतनी देर में हम भी वापस उनके घर के बाहर पहुँच चुके थे। जब टिक्का से मेरी बात हो रही थी इस बीच अरुण ने टिक्का को बोला कि मेरा बैग रह गया था। मैं उसे लेकर आता हूँ अन्दर से और किसी तरह बाल-बाल बचते हुए हमने अपना ऑडियो रिकॉर्डिंग का बैग वापस लिया। आज तक मिस्टर टिक्का को कोई पता नहीं चला कि उनके घर पर जो बैग छूटा था, उसमें ऑडियो रिकॉर्डिंग चल रही थी। इस तरह के क़िस्से अक्सर पसीना छुड़ा देते थे लेकिन ऐसे हालातों से बचकर निकलने के बाद यह भी लगता था, जोखिम से खेलना इसे कहते हैं। ज़रा-सी चूक होती तो पूरा ऑपरेशन ही ख़त्म हो जाता क्योंकि जिन लोगों से मुलाक़ात कर रहे थे, वह सभी एक-दूसरे के साथ जुड़े हुए थे। टिक्का के साथ यह मुलाक़ात यहाँ ख़त्म ज़रूर हुई, लेकिन अभी बात बहुत बाक़ी थी। टिक्का ने हमें एक बार फिर से मिलने के लिए बुलाया और इस बार मैं आसिफ़ के साथ टिक्का से मिलने पहुँची। इस बार टिक्का अपने साथ एक महिला को लेकर आया और बताया कि यह उसकी पत्नी तो नहीं है, लेकिन उसकी पार्टनर ज़रूर है। यह महिला दिल्ली के एक बहुत बड़े ख़ानदान से ताल्लुक रखती थी। इनके ससुर का दिल्ली में काफ़ी बड़ा नाम हुआ करता था, लेकिन इसके पति की मौत हो चुकी थी, इसलिए यह महिला अपने लिए एक पार्टनर की तलाश में थी। शादी दुबारा नहीं कर सकती थी। परिवार का दबाव काफ़ी था। वह एक जाट परिवार से ताल्लुक रखती थी, लेकिन पार्टनर भी ज़रूरी था। ऐसे में उस महिला ने अपनी ख़ुशी के लिए इस नेटवर्क को अपना हिस्सा बना लिया था और कभी टिक्का के साथ, तो कभी किसी और के साथ एक जोड़े के रूप में मिलने जाती। स्वॉपिंग नेटवर्क इसके जीवन का हिस्सा बन गया। जब मेरी मुलाक़ात उस महिला से हुई तो थोड़ी हैरान थी। छोटे-छोटे बाल, गठीला शरीर, उम्र लगभग 48 साल, गोरा रंग, शर्ट और जींस पहने हुए वह महिला अर्बन लुक

तो दे रही थी, लेकिन जब बोलती थी साफ़ पता चलता था कि वह बहुत ही बड़े परिवार से ताल्लुक रखती है, जो सामाजिक सीमाओं को ध्यान में रखकर एक-एक क़दम रखता है। दिल्ली और मुम्बई में पैदा होने का मतलब यह नहीं कि यहाँ पर मॉडर्नाइजेशन के नाम पर कोई कुछ भी कर सकें। कुछ परिवार इन मेट्रो सिटीज़ में ऐसे हैं, जो आज भी किसी गाँव के परिवार से ज़्यादा रीति-रिवाजों को ध्यान में रखकर चलते हैं। दिन-रात अपने परिवार के बच्चों को भी वह यही सिखाते हैं मॉडर्नाइजेशन की हवा उनको न लगे और लग भी गयी तो होश में उड़ न सकें इस बात पर परिवार के बड़ों का ध्यान रहता है। शायद उसी परिवार से ताल्लुक रखती थी, दिल्ली में रहती थी लेकिन उसे अपने जीवन को आगे बढ़ाने की कोई आज़ादी नहीं थी, बाक़ी महिलाओं की तरह जो स्वॉपिंग का हिस्सा नहीं बनना चाहती थीं। यह महिलाओं से बिल्कुल बात नहीं करना चाहती थी। उसे चाहिए था सिर्फ़ ऐसा पार्टनर, जहाँ यह अपनी ज़रूरतें पूरी कर सके। उसने अपने जीवन में दो ज़िन्दगी जीने का फ़ैसला कर लिया था। एक तरफ़ सब जानते हैं, जहाँ पर विधवा बहू के तौर पर सामने आ सके और दूसरी तरफ़ अपनी ज़िन्दगी, जहाँ खुल कर जी सके। मैंने उससे बात करने की कोशिश की, लेकिन वह बचती रही।

पहले तो मिस्टर टिक्का ने उस महिला से मिलवाया, यह कहते हुए कि उनकी पार्टनर है और पत्नी के तौर पर वाइफ़ स्वॉपिंग में उनके साथ शामिल होते हैं। मिस्टर टिक्का का यह भी कहना था कि जितने भी लोग अपनी पत्नी को लेकर आते हैं, वे महिलाएँ अच्छे, सभ्य घर की नज़र आती हैं इसलिए उन्हें भी एक ऐसी पार्टनर चाहिए जो अच्छे घर से ताल्लुक रखती हो, दिखने में संस्कारी भी लगे और वाइफ़ स्वॉपिंग भी करना चाहिए। यूँ तो अभी मुझे आपको बहुत सारे और क़िस्से बताने हैं लेकिन उस महिला को लेकर एक बात बार-बार मेरे ज़हन में आज भी आती है। मुझे याद है, जब उस महिला को पता चला था कि मैं एक पत्रकार हूँ और मैंने ख़ुफ़िया कैमरे से सब कुछ रिकॉर्ड किया है और वह टीवी पर कभी भी आ सकता है, तो यह जानकारी मिलने के बाद उस महिला को दिल का दौरा पड़ गया था। यह बात सुनकर मुझे बहुत बुरा लगा था। इससे मुझे अन्दाज़ा हुआ कि कैसे उनके जीवन में यह भले ही दो ज़िन्दगी जी रहे हों, आग से खेल रहे हों, लेकिन अपना दूसरा चेहरा सामने आने पर उसे कभी स्वीकार नहीं कर पायेंगे। हालाँकि उस महिला को यह नहीं पता था कि अगर टीवी पर ख़बर जायेगी तो बिना चेहरे और नाम बदलकर जायेगी। टीवी पर स्टोरी गयी भी और किसी की भी निजी जानकारी को सार्वजनिक

नहीं किया गया था, इसलिए इन सभी की ज़िन्दगी की छुपी हुई कहानी हमेशा छुपी ही रही। कभी भी खुलकर सामने नहीं आयी। आज इस किताब के ज़रिये एक बार फिर आपको इस पूरे नेटवर्क के बारे में जानकारी मिल रही है।

ख़ैर, आगे बढ़ते हैं इसी के साथ मैं एक और व्यक्ति के बारे में आपको बताना चाहती हूँ। यह भी सिंगल था और वाइफ़ स्वॉपिंग के नेटवर्क का हिस्सा था। इनसे मेरी मुलाक़ात दिल्ली में ही हुई जब उनसे मुलाक़ात हुई, तब एक महिला को अपने साथ लाये। उनसे परिचय भी कराया कहते हुए कि वह उनकी पत्नी है। दिखने में वह महिला भी बिल्कुल घरेलू लग रही थी। मंगलसूत्र पहना था, बिन्दी लगायी थी माँग में सिन्दूर भी था। कोई वजह नज़र नहीं आती थी कि मैं उस महाशय की बात पर यक़ीन न करूँ। उनसे मुलाक़ात हुई और बात हुई। उसके बाद एक और बात की थी, जब मेरी उनसे मुलाक़ात हुई थी और उस दिन उनकी पत्नी कुछ बदली हुई नज़र आ रही थी। मैंने ज़्यादा ध्यान नहीं दिया, क्योंकि यह मेरी कहानी के कभी अहम हिस्सा थे भी नहीं, इसलिए मैंने ज़्यादा ध्यान नहीं दिया लेकिन बाद में जब इन महाशय को पता चला कि मैं पत्रकार हूँ, तब इन्होंने मुझे फ़ोन करके यह बताया कि जिन दो महिलाओं से मैं मिली थी, उन दोनों में से कोई भी उनकी पत्नी नहीं थी, बल्कि उनकी तो शादी ही नहीं हुई है। इसलिए वे नेटवर्क का हिस्सा बन बाक़ी महिलाओं के साथ अपने जीवन की उस कमी को पूरा करते हैं, जिसे वे अलग-अलग अन्दाज़ में चाहते हैं। जैसे हर बार नयी बीवी बदल लेना और फिर बाद में उसे झूठी बीवी के बदले दूसरे की बीवी के साथ स्वॉपिंग करना। ऐसा करने से उन्हें दो महिलाएँ मिलती हैं। एक वह जिसे वह किराये की बीवी बना कर लाये हैं यानी कि उसकी पेमेंट करते हैं और दूसरी उसके बदले में स्वॉपिंग करने पर मिलती है। ऐसा यह कई बार कर चुके थे। उन्होंने जब मुझे बताया तो मुझे थोड़ा-सा अजीब लगा, जिस नेटवर्क में जिसमें पत्नियों की अदला-बदली होती है, वहाँ पर किराये की बीवी की भी अदला-बदली होती है। इस तरह के कई सिंगल लोग मिस्टर टिक्का और वह जाट महिला और इन महाशय की तरह कई लोग इस नेटवर्क का हिस्सा हैं। हालाँकि उनकी सच्चाई इन्होंने हमें तो बतायी, लेकिन इस नेटवर्क के ज़्यादातर लोग उनका सच नहीं जानते थे। ख़ैर, यह तो फिर भी मेट्रो सिटी के रहने वाले थे इसलिए किसी भी तरह की चाल चलते हुए वाइफ़ स्वॉपिंग करना इनके लिए ज़्यादा मुश्किल नहीं था। अचम्भे की बात तो उन लोगों के लिए थी जो गाँव-देहात में रहते हैं, अपनी सही पहचान के साथ नेटवर्क का हिस्सा बनते हैं।

स्वॉपिंग पार्टी

वाइफ़ स्वॉपिंग पार्टी मेट्रो सिटी में हो तो शायद लोगों को इतनी हैरानी नहीं जितनी यह जानकर कि ऐसी पार्टी सोनीपत के एक रिसॉर्ट में हुई। वजह थी कि उन सब जोड़ों को वहाँ बुलाना और जानना कि ये सब आपस में मिलकर कैसे बात करते हैं। सोनीपत का वह जोड़ा जो हमें सबसे पहले मिला था सुनीता और सुशील। सुनीता गर्भवती है और उसे दूर बुलाना ठीक भी न होता। फिर रोहतक, दिल्ली का बनिया जोड़ा। पंजाब से एक जोड़ा। लगभग 6-7 जोड़ों को हमने बुलाया।

उनको बुलाना आसान था, लेकिन वापस भेजना काफ़ी मुश्किल इसलिए प्लान कुछ ऐसा बनाया कि ये लोग आ जायें, बातचीत करें। लेकिन हमारी टीम के रिसॉर्ट से निकलते ही इन्हें ख़ुद वहाँ से निकलना पड़े। मैंने कमरे आधे दिन के लिए बुकिंग पर लिये। जिससे हमारे वहाँ से निकलते ही इन्हें भी रिसॉर्ट छोड़ना पड़े। सबसे बड़ी बात इस एक्सपेरिमेंट के बाद इन लोगों से कोई भी मुलाक़ात मुमकिन नहीं थी शायद इस मुलाक़ात से भी इनको पता न चले कि हम स्टोरी पर हैं। लेकिन इन्हें धोखा दिया यह साफ़ हो जायेगा। धोखा इसलिए क्योंकि ये सब जोड़े आयेंगे, सिर्फ़ इसी मंशा से कि उन्हें स्वैप करने की सुरक्षित जगह मिलने वाली है। लेकिन हम इस अदला-बदली के हिस्सेदार नहीं बन सकते किसी भी हाल में और पिछले कुछ महीनों से में इन सब से मिल रही थी, लेकिन अब यह आख़िरी मुलाक़ात होगी, जिसके बाद मेरा फ़ोन उनके लिए बन्द हो जायेगा। वे चाहकर भी मुझसे यह सवाल नहीं कर पायेंगे कि मैं कौन हूँ...इसी जिज्ञासा के साथ में इनके लिए ग़ायब हो जाऊँगी। आज मेरी स्टोरी भी पूरी हो जायेगी। यह सोचते हुए मैंने एक लम्बी गहरी साँस ली...

मैं अपनी टीम के साथ पहुँची सोनीपत के एक रिसॉर्ट में और सबसे पहले हमसे मिलने पहुँचे सोनीपत के सुनीता और सुशील। बादामी रंग का सूट सलवार पहने वही औरत मेरे सामने फिर से थी जिसके चेहरे की मासूमियत ने मुझे हिलाकर रख दिया था...साथ उसका पति भी था। वे दोनों बच्चों को घर छोड़कर आये थे...

सुनीता मुझसे बहुत गर्मजोशी से मिली। शायद कहीं उसको विश्वास था कि मैं उसे नुक़सान कभी नहीं पहुँचाऊँगी, लंच टाइम था और इसी बहाने उनके बारे में हमें कुछ और पता चले। हमने लंच ऑर्डर किया। बातें करते-करते हम जब लंच कर रहे थे, तो मैंने देखा, सुशील इशारे से सुनीता को हाथ से खाने से रोक रहा था और उसके हाथ में छुरी-काँटा दे दिया कि वह खाना इससे खाये। सुनीता चावल खा रही थी किसी तरह चम्मच उठाकर काँटे का सहारा लेकर। यह देखकर सुशील बोल उठा कि सबको देखो और वैसे ही खाना खाओ। एक बार फिर मैंने देखा कि कैसे सुशील ने सुनीता को किस तरह उसमें कमी का एहसास दिलाया। यह एहसास दिलाकर सुशील ने एक औरत को एक ऐसे बाज़ार में लाकर खड़ा कर दिया, जहाँ कि गन्दगी सुनीता को ठीक से महसूस भी नहीं होने दे रही कि सुनीता के साथ उसका पति लगातार ज़्यादती कर रहा है। मुझसे तो यह देखा नहीं जाता है, इसलिए मैंने कहा ठीक है जैसे उनको ठीक लगे। बस यह सुनकर सुनीता थोड़ी सकुचाती हुई मुस्कुरायी लेकिन सुनीता ने वह छुरी-काँटा नहीं छोड़ा जो ठीक से पकड़ भी नहीं पा रही थी। लेकिन हड़बड़ाये हाथों से उसने कुछ खाना खाने की कोशिश की, फिर ख़ाना छोड़ दिया बीच में। शायद इससे ज़्यादा सुनीता से होता भी नहीं लेकिन असल जीवन में सुशील की ज़्यादतियों को सुनीता कब छोड़ेगी पता नहीं।

हल्द्वानी के कपल को भी हमने बुलाया था लेकिन वह नहीं आ सका दूरी की वजह से, न ही अलवर के मि. एंड मिसेज़ अग्रवाल आ सके।

इसी ग्रुप में शामिल एक व्यक्ति अपनी पत्नी के साथ आया जो आपको मैंने अभी नहीं बताया। दरअसल इस व्यक्ति से इसकी पत्नी के साथ मेरी मुलाक़ात दिल्ली में हुई थी। एक बार कुछ देर की यह मुलाक़ात थी चाय पर। यहाँ मैं इन लोगों से अकेले मिलने गयी थी। उनकी पत्नी एक अच्छे परिवार से लग रही थी। मंगलसूत्र, सिन्दूर सब परफेक्ट था, लेकिन कुछ ठीक नहीं था तो उस महिला का चहकता चेहरा...काफ़ी रिलेक्ट और ख़ुश जैसे सब कुछ काफ़ी आम बात है। लेकिन यह व्यक्ति जिसका नाम दीपक था, वह पार्टी में भी अपनी पत्नी को लाया था हालाँकि इस बार उनकी पत्नी कुछ अलग लगी और मैंने भी ज़्यादा ध्यान नहीं दिया, क्योंकि मैं शूट की तैयारियों में जो लगी थी (स्टोरी पूरी होने के बाद दीपक को जब पता चला कि मैं एक पत्रकार हूँ तो दीपक ने बताया कि उसकी तो शादी ही नहीं हुई है और जो औरत उसके साथ आयी थी, वह पैसे देकर उसे लाया था, पहली मुलाक़ात वाली ने दूसरी बार जाने को ज़्यादा पैसे माँगे, इसलिए दूसरी औरत

को सिन्दूर और मंगलसूत्र पहना कर ले आया...) यह सुनकर भी काफ़ी होश उड़े थे। ख़ैर, पार्टी में वापस चलते हैं। हरियाणा के एक रिसॉर्ट में मैंने पाँच कमरे बुक करवाये थे जिससे आने वाले इन कपल को लगे कि मैं वाक़ई में क्लब की पार्टी कर रही हूँ लेकिन यहाँ यह भी ध्यान रखना था कि यह लोग स्वॉपिंग की प्रक्रिया न शुरू कर दें। इसलिए प्लानिंग कुछ इसी तरह की थी...

दरअसल, प्लान यह था कि सब लोग आना शुरू करेंगे एक बजे से और हम उनके साथ ज़्यादा-से-ज़्यादा दो घण्टे बात करेंगे, क्योंकि रिकॉर्डिंग के लिए दो कैमरे थे और दोनों में एक घण्टे का रिकॉर्ड था इसलिए पहले एक कैमरा फिर दूसरा इस्तेमाल करना था जिससे पूरी बातचीत आ जाये और फुटेज डाउनलोड करने की ज़रूरत भी न पड़े, क्योंकि ये लोग कई थे, अगर किसी की भी ज़रा सी नज़र पड़ी तो वहीं खेल ख़त्म था और मुसीबत शुरू।

दरअसल, हमेशा की तरह पूरी प्लानिंग मुझे ही करनी थी। पार्टी दिखे भी और पार्टी पूरी भी न हो, ऐसा कुछ प्लान करना था। कपल आयें भी और स्वॉपिंग भी न हो। इसके लिए मैंने पाँच कमरे बुक कराये लेकिन कमरे सिर्फ़ दो ही खुले थे, आमने-सामने के, जिससे दोनों पर नज़र रखी जा सके कि कौन क्या कर रहा है लेकिन यहाँ एक मुसीबत थी कि कैमरे दो ही थे। पर्स कैमरा और डायरी कैमरा दोनों को मिलाकर दो घण्टे की रिकॉर्डिंग हो सकती थी इसलिए पहले एक से रिकॉर्ड किया जाये फिर दूसरे से ऐसी कुछ प्लानिंग रिकॉर्डिंग को लेकर की थी। इसके अलावा मैंने अपनी टीम को बता दिया था कि अपना सामान पहले से गाड़ी में पहुँचा दे, जिससे उन कपल के सामने हमें भागने में दिक़्क़त न हो। मैंने दीक्षा को बोला कि वह मेरे साथ निकलेंगी, लंच ऑर्डर करने के बहाने। आसिफ़ स्मोकिंग के बहाने पहले निकल जायेगा और अरुण दूसरे रूम के बाथरूम में जाने के बहाने से निकलेगा...

आपको मैं याद दिला दूँ कि दीक्षा और अरुण मेरी टीम के लोग थे, लेकिन उनकी नज़र में उन्हीं की तरह वहाँ आये हुए एक कपल थे। जो वहाँ स्वॉपिंग के लिए दूसरा कपल आज चुन लेगा, जो उन्हें पसन्द आयेगा...इसलिए हमें उन सभी को दिखाना था कि हम अलग-अलग आये हैं। तो कैमरे ख़ाली रहने ज़रूरी थे। मैं अपनी टीम के साथ एक रात पहले वहाँ पहुँच चुकी थी, इसकी जानकारी भी इन लोगों को नहीं होनी चाहिए थी इसलिए बताया यही गया कि सब अलग-अलग आये हैं।

अब सब लोग रूम में आ चुके थे। आप सुनीता और सुशील को जानते हैं लेकिन एक कपल जो दिल्ली से आया था गुप्ता जी और उनकी बीवी, दोनों ही बिल्कुल संस्कारी थे। गुप्ता जी ने आते ही बोल दिया कि छह बजे से पहले हमें घर पहुँचना है, क्योंकि घर में हमने नियम बनाया है कि सब घर पर छह बजे तक आ जायेंगे और हम माता-पिता होकर घर का नियम नहीं तोड़ सकते हैं। काफ़ी दिलचस्प था उनका नियम कि दिन में भले ही स्वॉपिंग करो दूसरों की पत्नी के साथ लेकिन घर पर समय से जाना है। ज़ाहिर है उनके बच्चे इनको आइडियल माता की तरह मानते होंगे। इसके अलावा आपको मिलवाती हूँ मिस्टर टिक्का से। ये भी दिल्ली (रोहिणी) से आये थे और उनके साथ थी दिल्ली के मशहूर अखाड़े से ताल्लुक रखने वाले परिवार की बहू, जो विधवा हो चुकी थी। इसलिए मिस्टर टिक्का के साथ कपल बनाकर आयी थी। ये कुछ लोग आ चुके थे एक कमरे में। आपको याद दिला दूँ एक कपल मेरे ऑफ़िस से था अरुण और दीक्षा का। मैं अपने क्लब पार्टनर आसिफ़ के साथ थी...

अब सब बातें शुरू कर चुके थे। उनकी बातें कुछ ऐसी थीं, जैसे आपने किसी शादी में अंकल-आंटी की बातें सुनी हों। सब अपने परिवार की बात कर रहे थे। सब बता रहे थे कि कैसे उनके बच्चे उनके संस्कार को मानते हैं और कौन सबसे अच्छे परिवार से ताल्लुक रखता है। बस यही बताये चल रही थी दो घण्टे हो गये। मेरी रिकॉर्डिंग की लिमिट ख़त्म हो गयी। बस फिर क्या था मैंने मौक़ा देख डायरी को फ्रेम से उठाया, पर्स मेरे पास पहले से था। मुझे वहाँ से निकलना था। पहले मैंने आसिफ़ को इशारा किया, फिर अरुण को। उसके बाद मैं दीक्षा को ढूँढ़ने लगी, मैंने देखा मिस्टर टिक्का दीक्षा को गले लगाने की कोशिश कर रहा था। मैंने तेज़ी से उनकी तरफ़ जाते हुए दीक्षा का हाथ पकड़ा और कहा आप क्या खायेंगे। हम ऑर्डर करने जा रहे हैं। उसने कहा दीक्षा को यही छोड़ जायें, लेकिन मैंने कहा कि खाने के बाद आप लोग अपना काम कीजिएगा। अभी थोड़ी जल्दी है। बस किसी तरह वहाँ से निकले गाड़ी पर पहुँचे, जहाँ अरुण और आसिफ़ दोनों पहले से मौजूद थे। तेज़ बारिश हो रही थी। ऐसे में अरुण ने कहा कि उसका कोई सामान वहाँ छूट गया है और लेकर आ रहा है। मैंने अरुण पर बहुत ग़ुस्सा किया कि पहले बोला था सब गाड़ी में रखना लेकिन अरुण ने मेरी बात नहीं सुनी और वह बारिश में भागते हुए वहाँ पहुँचा, उसे आने में 10 मिनट लग गये थे और मुझे चिन्ता थी कि कोई हमको ढूँढ़ने या खाने में कुछ ऑर्डर बढ़ाने के लिए बहार न आ जाये वरना मुसीबत

आ जायेगी। कोई हमें गाड़ी में भागते हुए न देख ले क्योंकि मेरी पूरे आठ महीने की मेहनत ख़राब हो जायेगी, लेकिन शुक्र था कि अरुण वापस आ गया और हम वहाँ से निकल गये। मैंने सबके फ़ोन बन्द करा दिये थे और ड्राइवर को बोला कि गाड़ी तेज़ी से निकाल ले, उसने पूछा कि दिल्ली चलें तो मैंने कहा कि हाँ, लेकिन हाईवे से नहीं किसी और रास्ते से, वरना कोई भी हमें तलाशने निकला और हमें मिल गया तो दिक़्क़त होगी क्योंकि मेरे पास यही मौक़ा था कि तेज़ी से उन सबकी आँखों के सामने से ग़ायब हो जायें। हम वहाँ से निकल तो गये लेकिन ग़लत रास्ते पर दिल्ली की तरफ़ निकलना सुरक्षित नहीं था, क्योंकि अगर वे हमें ढूँढ़ते तो दिल्ली की तरफ़ ही जाते, इसलिए मैंने दूसरे रास्ते को चुनना ज़्यादा मुनासिब समझा और यह दूसरा रास्ता हमें देहरादून तक ले गया। मुझे आज भी याद है देहरादून जाने के उस रास्ते के बीच में रात का वक़्त था, तेज़ आँधी और तूफ़ान, तेज़ बारिश, बिजली ज़ोरों से कड़क रही थी। दूर-दूर तक कोई भी गाड़ी हमारी गाड़ी के अलावा हमें दिखाई नहीं दे रही थी। हमें पता ही नहीं था, दरअसल कि हम किस रास्ते पर चल रहे हैं। बस गाड़ी चलती जा रही थी। मेरे फ़ोन बन्द थे, क्योंकि सिर्फ़ मेरा ही नम्बर उन तमाम लोगों के पास था। मैंने अरुण, आसिफ़ और दीक्षा को समझाने की कोशिश भी की कि कोई भी अपने फ़ोन से ऑफ़िस में एक बार बात कर ले, लेकिन हमेशा की तरह तीनों सिर्फ़ मुझ पर निर्भर थे। देर रात हो चुकी थी, इसलिए मुझे लगा कि सुबह होने पर मैं ऑफ़िस में फ़ोन करके बता दूँगी कि हम लोग कहाँ हैं, लेकिन ऑफ़िस में मेरे बॉस जिनकी जानकारी में हम इस पार्टी को शूट करने के बाद वापस दिल्ली आने वाले थे, उनकी नज़र में हम अचानक से ग़ायब हो गये। लगभग सबके फ़ोन बन्द थे। किसी से बात नहीं हो पा रही थी। ऐसे में ऑफ़िस को लगा कि हमारे साथ कोई अनहोनी हो गयी है। पुलिस कम्प्लेंट करते। सुबह होते ही मैंने उनको फ़ोन किया और बताया कि किस तरह से हम लोग रात को रास्ता भटक गये और देहरादून पहुँच गये हैं। उनको भी थोड़ी तसल्ली हुई और फिर हमने उनको बताया कि अब हम दिल्ली आ जायेंगे, स्टोरी पूरी हो चुकी है। इसमें अब करने के लिए कुछ नहीं बचा, क्योंकि अब मैं कोशिश भी करूँगी तो उसमें फँस सकती हूँ क्योंकि हमारा उस रिसॉर्ट से ऐसे अचानक ग़ायब होना, उन लोगों के दिलो-दिमाग़ में कई सवाल खड़े कर चुका था और नेटवर्क के तमाम लोग एक-दूसरे के साथ इतना जुड़े हुए थे कि हर व्यक्ति तक ख़बर पहुँचने में ज़्यादा वक़्त नहीं लगता था, इसलिए स्टोरी को यहीं ख़त्म करना ज़्यादा ज़रूरी था। वैसे भी कई महीनों से लगातार मैं उन लोगों

से मुलाक़ात कर रही थी, बात कर रही थी और अब वह दिन आ गया था, जब यह स्टोरी ख़त्म होनी थी। ऑन एयर जाने के लिए इसे तैयार करना था।

इस ख़बर को टेलीकास्ट करने के लिए मैंने एक साल का इन्तज़ार किया क्योंकि चैनल में सत्ता परिवर्तन हो गया था और मेरी ख़बर उसका असर झेल रही थी, एक साल इन्तज़ार के बाद मैंने इस्तीफ़ा दे दिया, क्योंकि मुझे यक़ीन हो गया था कि मेरी ख़बर को मेरे नाम से अलग कर दिया जायेगा और हुआ भी वही। मेरे इस्तीफ़े के एक महीने बाद मेरी ख़बर चार एपिसोड में टीवी पर प्राइम टाइम में आयी 'जिस्म' के नाम से, लेकिन मेरा नाम मेरे जीवन की सबसे ख़ास स्टोरी में कहीं नहीं था। इसके बाद जिस बॉस ने मुझे ख़बर करने के लिए कहा था, उन्होंने कहा कि तुम इस पर किताब लिखो, फिर मैंने उन लोगों के बारे में जानकारी जुटायी जो इस नेटवर्क का हिस्सा थे और आज भी हैं। यह कितना सही था या है, इसका जवाब मेरी नज़र में सिर्फ़ ग़लत है। आपकी नज़र में सही हो सकता है, लेकिन सोचिएगा कि सही किस आधार पर है। अपनी बीवी को जिस्म की मण्डी में ले जाने को लेकर या अपनी चाहत को सही ठहराने को लेकर...

यौन वैज्ञानिक पद्मश्री प्रकाश कोठारी से 'वाइफ़ स्वॉपिंग' पर वरिष्ठ पत्रकार अनिल सिंह की चर्चा

डॉ. अनिल सिंह : सभ्यता और संस्कृति की दुहाई देने वाले इस देश में अगर अचानक ख़बर आती है कि हिन्दुस्तान के देहाती इलाक़ों में भी वाइफ़ स्वॉपिंग की परम्परा चल रही है, यह बात एक प्रॉपर डॉक्यूमेंट स्टोरी के रूप में सामने आयी है। देश के देहाती इलाक़ों में वाइफ़ स्वॉपिंग की आवश्यकता क्यों पड़ी, यह लोगों के ज़हन में क्यों आया?

डॉ. प्रकाश कोठारी : मैं बताऊँ कि वाइफ़ स्वॉपिंग नहीं, लेकिन दूसरी औरत का ख़याल अक्सर मर्दों को आता है। आदमी स्वभाव से पॉलिगामी होता है, पुरुष और औरत के स्वभाव में थोड़ा-सा फ़र्क़ है। पुरुष को जीतना ज़रूरी है। स्त्री को प्रेम ज़्यादा ज़रूरी है। कई बार आपने देखा होगा कि किसी की ख़ुद की बीवी बहुत सुन्दर होगी, फिर भी वह अपनी नौकरानी में या किसी दूसरी औरत में, चाहे वह ज़्यादा ख़ूबसूरत नहीं होगी, तब भी उस पर मोहित होगा। उसे पाना चाहेगा, क्योंकि वाइफ़ को उसने जीत लिया है और दूसरी औरत को जीतना अभी उसे बाक़ी है। उसके लिए वह आगे बढ़ता है, ऐसा नीत्शे ने कहा है। महिलाओं में एक चीज़ होती है। महिला अगर क़रीब आ गयी तो वह और ज़्यादा क़रीब आने की कोशिश करेगी। मतलब इस बात को कोई इनकार नहीं कर सकता कि पुरुष प्यार करता है सेक्स पाने के लिए और औरत सेक्स करती है प्यार पाने के लिए। इस विधान को कोई इनकार नहीं कर सकता यह हक़ीक़त है।

डॉ. अनिल सिंह : जिस समाज में हम लोग रहते हैं, वहाँ पत्नी को कोई ग़लत निगाह से देखे तो उसको बर्दाश्त करना हमारे लिए मुश्किल होता है। इस विचारधारा वाले समाज में पत्नियों की अदला-बदली की प्रथा गम्भीर दिखाई देती है?

डॉ. प्रकाश कोठारी : आपकी बात ठीक है। यह प्रथा पहले ज़माने में भी थी, आज भी है और आगे भी रहेगी। मेरे यहाँ कुछ मरीज़ इस तरह के अपॉइंटमेंट लेकर आते हैं कि हमारी लाइफ़ काफ़ी बोरिंग हो गयी है और हमारे ग्रुप हैं और ग्रुप काफ़ी बोरिंग हो गये हैं। कुछ नयी चीज़ हमें सिखाओ, इस पर पूरी किताबें लिखी हुई हैं। यह हर एक का अलग-अलग अन्दाज़ रहता है, अलग-अलग निगाह रहती है, ऐसे सपोर्ट ग्रुप भी कई जगह देखने को आये। मतलब यह अच्छा है या बुरा है, यह अलग बात है लेकिन यह देखने में आया है बरसों से।

डॉ. अनिल सिंह : डॉक्टर साहब जो स्टडी विनीता यादव ने की है, उसमें यह फाइंडिंग मिली है, समाज में स्वॉपिंग तो चल ही रही है लेकिन गर्भवती महिलाओं को भी स्वॉपिंग में शामिल किया जा रहा है, तो क्या गर्भवती महिलाओं में भी सम्भोग की उत्तेजना आम महिलाओं से ज़्यादा होती है या फिर यह कुछ और है। सात महीने की गर्भवती महिला का पति उसे स्वॉपिंग की मीटिंग में क्यों ले जाना चाहता है?

डॉ. प्रकाश कोठारी : महिलाओं में चार चरण रहते हैं। एक ख़्वाहिश यानी कामेच्छा, दूसरा उत्तेजना की अनुभूति, तीसरा योनि मार्ग में गीलापन और चौथा है चरम सीमा। महिला हो या गर्भवती महिला हो, ये चारों चरण पूरी प्रेग्नेंसी में बरकरार रहते हैं। जब तक बच्चा बाहर न आये, तब तक काम इच्छा, उत्तेजना की अनुभूति, गीलापन और चरम सीमा का एहसास चारों बरकरार रहते हैं और अगर कोई औरत चाहे तो प्रेग्नेंसी में भी इसका आनन्द ले सकती है।

डॉ. अनिल सिंह : काम वासना क्या सामाजिक मूल्यों पर भी भारी हो जाती है?

डॉ. प्रकाश कोठारी : भारी पड़ रहा है, ऐसा नहीं है। कई बार लोगों को बदलाव चाहिए। मतलब लोग एकरसता से बोर हो जाते हैं। कुछ नयापन चाहिए। मैं आपको बताऊँ आज के ज़माने में एक पुरुष और मल्टीपल पार्टनर के बजाय एक पुरुष एक लड़की और मल्टीपल पोजीशन एक बेहतर विकल्प रहेगा। जिससे एचआईवी एड्स और इनफ़ेक्शन जैसी बीमारियाँ फैलने से रुकेंगी और जनसंख्या में जो इजाफ़ा हो रहा है, वह भी रुकेगा और नयापन भी आपको महसूस होगा और एक पार्टनर और मल्टीपल पोजीशन यह विकल्प है अपने देश के लिए यही बेहतर है।

डॉ. अनिल सिंह : क्या लम्बे समय तक शादीशुदा जीवन में सेक्स की बोरियत किसी भी हद तक ले जा सकती है?

डॉ. प्रकाश कोठारी : एक ही जगह, एक ही वक़्त, एक ही बिस्तर पर आदी लोगों में एक मोनोटॉनि बन जाती है लेकिन इसमें अगर नये पोजीशन, नये अन्दाज़,

नयी जगह हो, कुछ नयापन आ जाये, तो यह बोरियत ख़त्म हो जाती है और हक़ीक़त में यह चीज़ ज़्यादा बेहतर बन सकती है, क्योंकि जिसके साथ आपने पूरी ज़िन्दगी बितायी है। आपको पता है, उसे क्या पसन्द है, क्या नहीं पसन्द है। आपको क्या पसन्द है, आपको क्या नहीं पसन्द है, वह आपके पार्टनर को पता है। उससे मोहब्बत ज़्यादा बढ़ती है और मोहब्बत की अन्तिम मंज़िल हमबिस्तरी हो सकती है लेकिन हमबिस्तरी की अन्तिम मंज़िल मोहब्बत हो यह ज़रूरी नहीं।

डॉ. अनिल सिंह : क्या सेक्स की लत इतनी बुरी होती है कि कोई पिता अपनी बेटी को भी सेक्स ग्रुप ज्वाइन करा सकता है? इसे मेंटल इलनेस कहेंगे या यह कुछ और है?

डॉ. प्रकाश कोठारी : नहीं, सेक्स की आदत हो सकती है लेकिन जिसकी बात आप कर रहे हो वह एक लत है, एक बीमारी है, जिस रिलेशनशिप की बात आप कर रहे हो वह एक बीमारी है। वो मानसिक विकृति है उसको इलाज की ज़रूरत है लेकिन अगर उस व्यक्ति को सहवास करने की कम या ज़्यादा इच्छा होती है तो वह नॉर्मल चीज़ है लेकिन उसको वह चैनेलाइज कैसे करता है ये उसको आना चाहिए। वह सही तरीक़े से करे तो वह आराम से कर सकता है। यही बात ऋषि वात्स्यायन ने सोलह सौ साल पहले अपने कामसूत्र में लिखी थी। सेक्स का जो प्रवाह है, सेक्स का जोश और जुनून है एक बाढ़ की तरह है उसे आप रोक नहीं सकते लेकिन चैनेलाइज ज़रूर कर सकते हो। अगर आप अच्छे तरीक़े से इसे चैनेलाइज करेंगे तो कोई दिक़्क़त नहीं है। आपको लुत्फ़ भी मिलेगा और सफ़र भी सुहाना रहेगा और चरम सीमा का आनन्द भी आपको मिलेगा।

डॉ. अनिल सिंह : सेक्स करने के लिए ये लोग वेश्या के पास नहीं जाते हैं बल्कि अच्छे संस्कारी घर की औरत ही इन्हें पसन्द आती हैं, इसके पीछे इनकी क्या सोच है?

डॉ. प्रकाश कोठारी : देखो, चैनेलाइज आदमी को करना चाहिए। आप जो भी फ़ैसला लें इसमें दिमाग़ में तीन 'आर' अपनी दिमाग़ में रखने चाहिए। पहला है 'राइट' दूसरा है 'रिस्पांसिबिलिटी' और तीसरा है 'रिस्पेक्ट' आपको कुछ भी करना है। सेक्स करना है या नहीं करना है यह आपका हक़ है या आपका राइट है। राइट के साथ रिस्पांसिबिलिटी यानी ज़िम्मेदारी जुड़ी हुई होती है। मतलब यह करोगे तो क्या होगा? वेश्यागमन करोगे तो बीमारी हो जायेगी। कभी-कभी उस बीमारी का इलाज भी नहीं होता। ऐसा भी हो सकता है कई अनवांटेड प्रेग्नेंसी मिल सकती है।

यह सब दिमाग़ में रखकर फिर आगे बढ़ो और तीसरा जिसके साथ भी जो भी कर रहे हो उसमें सम्मान होना चाहिए तो तीन 'आर' दिमाग़ में रख कर चलिए। राइट रिस्पांसिबिलिटी और रिस्पेक्ट फिर आप कोई भी फ़ैसला लोगे सही होगा।

डॉ. अनिल सिंह : अगर कोई डरकर अपने परिवार की सीमाएँ तोड़ रहा है और अपनी चाहत भी पूरी करना चाहता है, तो उसे क्या करना चाहिए?

डॉ. प्रकाश कोठारी : बड़ी आसान-सी चीज़ है। बहुत से लोग मेरे पास आते हैं, वे मिथुन के बजाय हस्तमैथुन का उपयोग करते हैं। यह भी एक महत्त्वपूर्ण क्रिया का प्रकार है, क्योंकि मैथुन के दौरान पुरुष जो अपनी इन्द्री की क्रिया योनि मार्ग में करते हैं, वही क्रिया हस्तमैथुन के दौरान पुरुष मुट्ठी में करता है। अगर आपको हिन्दी आती है, तो आप मराठी आसानी से सीख सकेंगे और इसमें कोई नुक़सान भी नहीं है जैसे इंटरकोर्स से कोई नुक़सान नहीं है, वैसे हस्तमैथुन से भी कोई नुक़सान नहीं है। ज़्यादा करने से भी कोई कमी की बात नहीं है। ज़्यादा बोलने से कोई कमज़ोरी नहीं होती, ऐसे इससे भी नहीं होती। अब बोलेंगे डॉक्टर साहब मैथुन और हस्तमैथुन की बात तो अलग है, तो जी नहीं प्राइवेट पार्ट में भी खून ज़्यादा है और ज़बान में भी ख़ून ज़्यादा है। प्राइवेट पार्ट में भी हड्डी नहीं है और ज़बान में भी हड्डी नहीं है। ज़बान ज़्यादा बोलने से कमज़ोर नहीं होती और चुप रहने से ज़्यादा ताक़त वाली नहीं होती ऐसे ही हस्तमैथुन है अगर मुझसे पूछा जाये तो हस्तमैथुन एक बेहतर विकल्प है आज के ज़माने में और कहीं भी। वात्स्यायन ने अपने कामसूत्र में या चरक, सुश्रुत या शांगरिदय ने नहीं लिखा है कि हस्तमैथुन एक बीमारी है और उसके इलाज की आवश्यकता है, बल्कि हस्तमैथुन के लिए इशारा किया गया है यह प्रकृति है विकृति नहीं है, जैसे सम्भोग ज़्यादा करने से कुछ नहीं होता, ऐसे हस्त सम्भोग करने से भी कोई विकृति नहीं होती। यह हस्तमैथुन है, हस्त दोष नहीं, हस्त सम्भोग है, हस्त दोष नहीं।

डॉ. अनिल सिंह : इन लोगों में कुछ ऐसे थे, जो अपनी पत्नी को किसी और के साथ सेक्स करते देखना चाहते थे, जिससे उनको अच्छा लगता था, क्या कहेंगे आप इस पर?

डॉ. प्रकाश कोठारी : हाँ, यह हो सकता है। ऐसे लोग होते हैं, क्योंकि यह मानसिक विकृति का प्रकार है और आप इसका इलाज करेंगे तो कोई-न-कोई उनको मानसिक बीमारी ज़रूर मिलेगी और इसका इलाज ज़रूरी भी है, क्योंकि ऐसे पुरुष ख़ुद के लिए नहीं, लेकिन समाज के लिए ख़तरनाक साबित हो सकते हैं और इसका इलाज एक मनोचिकित्सक ज़्यादा बेहतर कर सकता है।

डॉ. अनिल सिंह : सेक्स की ज़्यादा चाहत के चलते ये लोग दो ज़िन्दगी जी रहे हैं, क्या कोई ऐसा तरीक़ा है, जिससे इन्हें ऐसे शर्मिन्दा न होना पड़े?

डॉ. प्रकाश कोठारी : अगर किसी को ज़्यादा सेक्स चाहिए तो वह अपनी पार्टनर को तैयार करे, उसके लिए उसको उत्तेजित करे, फिर भी अगर ऐसा मुमकिन न हो तो वह हस्तमैथुन कर सकता है। हस्तमैथुन में कल्पना रहती है और आप मेरी बात से ज़्यादा सहमत होंगे क्योंकि हक़ीक़त से कल्पना ज़्यादा रंगीन रहती है। मैंने अपने 55,000 मरीज़ों की जो स्थिति देखी है, उसका निचोड़ आपके सामने रख रहा हूँ। आपके सवालों को देखकर मुझे लग रहा है कि मैं अपना पूरा निचोड़ आपके सामने रख दूँ।

डॉ. अनिल सिंह : क्या पति पत्नी की शारीरिक इच्छाओं को ध्यान में रख कर भी स्वॉपिंग करता है, तो क्या इसमें बुराई है?

डॉ. प्रकाश कोठारी : देखिए, अच्छा या बुरा यह व्यक्ति को ख़ुद को जानना चाहिए अगर व्यक्ति को किसी चीज़ का अच्छा लगता है उसे अच्छा लगे या बुरा लगे यह उसका हक़ है, लेकिन इसी के साथ उसकी रिस्पांसिबिलिटी भी जुड़ी हुई है, अगर मैं यह करूँगा तो क्या होगा, समाज क्या कहेगा, कोई बीमारी लग जायेगी या नहीं यह बातें दिमाग़ में रखकर आप आगे बढ़ो और साथ में जो कुछ करो उसमें रिस्पेक्ट भी साथ होना चाहिए। रिस्पेक्ट ख़ुद के लिए और सामने वाले के लिए यह तीनों और दिमाग़ में रख कर आप कुछ भी करेंगे तो आप ज़्यादातर ग़लत नहीं होंगे।

डॉ. अनिल सिंह : यह किताब विनीता ने चार राज्यों में लोगों से बात करने के बाद लिखी है। कैसे लोग वाइफ़ स्वॉपिंग कर रहे हैं, यह धारणा पश्चिम से आयी है।

डॉ. प्रकाश कोठारी : यह आपकी बात ग़लत है कि यह पश्चिम से आयी है जो भी था पूर्व में पहले भी था। कामसूत्र पश्चिम में नहीं लिखा गया था, लन्दन में नहीं लिखा गया। कामसूत्र को लिखने वाला गुजरात में पैदा हुआ ऋषि वात्स्यायन। यह हमारा रिसर्च है जिसके लिए तत्कालीन अटल बिहारी वाजपेयी ने मुझे पद्मश्री दिया। तो यह सब अपने यहाँ ही हुआ था। ऐसा कुछ नहीं है कि यह पश्चिम से आया। इसकी शुरुआत अपने यहाँ हुई है भारत में, विदेश ने इसमें सिर्फ़ रास्ता बताया है कि क्या करना चाहिए, क्यों करना चाहिए, कैसे करना चाहिए? समाज के लिए सेक्स एजुकेशन देना चाहिए। उसका बहुत महत्त्व है क्योंकि एजुकेशन का मतलब यह नहीं है कि हमें लोगों को वह चीज़ दिखानी है, जो वे जानते हैं। एजुकेशन का

मतलब यह है हमें उनको सिखाना है आचरण करना जिससे वह अभ्यस्त रहें। अगर नये-नये तरीक़े से किया जायेगा तो इसमें कोई दिक़्क़त नहीं होगी।

डॉ. अनिल सिंह : डॉक्टर साहब एक विरोधाभास यही आ रहा है कि अपने जीवन को एक तरफ़ व्यक्ति संयमित रखना चाहता है, सुरक्षा चाहता है और दूसरी तरफ़ स्वॉपिंग करता है, तो यह विरोधाभास दिख रहा है?

डॉ. प्रकाश कोठारी : नहीं यह विरोधाभास नहीं है, अपने-अपने ख़याल हैं। हर एक आदमी ज़्यादातर दो कान के बीच में सेक्स करता है, दो पाँव के बीच में नहीं, आप जानते हैं मतलब प्रकृति रहनी चाहिए प्रकृति में से विकृति न बने। वह ख़याल रखना चाहिए और प्रकृति में से विकृत कब नहीं बनेगी अगर आपको सही तरीक़े से सेक्स एजुकेशन दिया गया हो तो। अगर आपको सही एजुकेशन दी गयी है, तो आप पर कोई भी चीज़ असर नहीं करेगी क्योंकि आपको मालूम है कि सही क्या है ग़लत क्या है बात ख़त्म हो जाती है आप वही करेंगे जो आपके लिए सही होगा लेकिन सेक्स एजुकेशन को युद्ध स्तर पर देना बेहद ज़रूरी है। देखिए, मैं आपको साधारण उदाहरण देता हूँ। देश में दो अहम परेशानी हैं, जो पूरी इकॉनोमी खा जाता है, एक है बढ़ती हुई जनसंख्या, दूसरी तरफ़ सेक्स की वजह से बढ़ती बीमारियाँ। ये दोनों चीज़ें सही एजुकेशन की वजह से हम कंट्रोल कर सकते हैं और कंट्रोल करने का मतलब यह बताना ज़रूरी है कि सही चीज़ का इस्तेमाल कैसे किया जाये, क्यों किया जाये, कब इस्तेमाल करना है यह सब कुछ सेक्स एजुकेशन है। एजुकेशन देने से हम यह सब परेशानियाँ ख़त्म कर सकते हैं और एक अच्छे राष्ट्र का निर्माण कर सकते हैं।

डॉ. अनिल सिंह : आख़िरी सवाल, सर वाइफ़ स्वॉपिंग प्रकृति है या विकृति है?

डॉ. प्रकाश कोठारी : देखिए, यह समाज पर डिपेंड करता है। हमारे यहाँ समाज के दायरे में रहकर हमें चलना है। अगर प्रकृति है, तो ठीक है, अगर विकृति है तो उसका इलाज करना अति आवश्यक है। हमारे यहाँ लग्न एक पवित्र बन्धन माना गया है तो ज़्यादातर लोग उसे विकृति समझ सकते हैं और अगर हमें अच्छे समाज की रचना करनी है तो सही क्या है वह जानने के लिए मैं आपको कितना ही समझाऊँ तो नहीं समझ पायेंगे लेकिन आपको सेक्स एजुकेशन दिया गया है तो आप समझ जायेंगे कि यह सही है या ग़लत है, यह प्रकृति है या विकृति है, आप अपना रास्ता ख़ुद ही चुन लेंगे।

वाइफ़ स्वॉपिंग का इतिहास

अक्सर वाइफ़ स्वॉपिंग की घटनाएँ सामने आती रहती हैं। 2023 में केरल में इसी तरह के एक रैकेट का भण्डाफोड़ हुआ। सात लोग गिरफ़्तार हो गये। पुलिस का कहना है कि ये लोग व्हाट्सएप ग्रुप बनाकर वाइफ़ स्वॉपिंग करते थे। पहले देखने में आता था कि महानगरों में ही यह चलन है। लेकिन अब तो छोटे शहरों में भी यह रोग बढ़ गया है। उसी समय राजस्थान के बीकानेर में इस तरह की घटना सामने आयी।

अक्सर माना जाता है कि वाइफ़ स्वॉपिंग की घटनाएँ आधुनिकता बढ़ाने के साथ-साथ भी बढ़ रही हैं। सर्वेक्षणों को कितना सही मानें यह समझ में नहीं आता। एक सर्वेक्षण को मानें तो भारत के महानगरों में 25 फ़ीसदी युगल इन गतिविधियों में शामिल हैं।

जैसा कि नाम से ही लोग अपनी सहमति से पत्नी का आदान-प्रदान करते हैं और उनके साथ रात बिताते हैं। इस जीवन में यौन रंग भरने का नया तरीक़ा बनता जा रहा है। चेन्नई में पिछले नवम्बर में एक प्रॉस्टिट्यूशन रैकेट का भण्डाफोड़ हुआ जो वाइफ़ स्वॉपिंग के नाम से चल रहा था। इस रैकेट की शाखाएँ कोयम्बटूर, मदुरै, सलीम रोड तक फैली थीं। ये लोग सोशल मीडिया पर अपने विज्ञापनों के माध्यम से प्रॉस्टिट्यूशन रैकेट चला रहे थे। ये लोग कुँवारे लोगों को अपना निशाना बनाते थे और ख़ुद को शादीशुदा बताते थे फिर वाइफ़ स्वॉपिंग के नाम पर ये लोगों से 15 से 25 हज़ार ऐंठ लेते थे। इन लोगों ने फ़ेसबुक पर अपना वाइफ़ स्वॉपिंग ग्रुप भी बनाया हुआ था। यह वाइफ़ स्वॉपिंग का दूसरा और घिनौना रूप है यानी वाइफ़ स्वॉपिंग का सहारा लेकर वेश्यावृत्ति की जा रही है।

यहाँ पति-पत्नी की कोई रज़ामन्दी नहीं है। यह विशुद्ध रूप से वेश्यावृत्ति का धन्धा था।

राजधानी के उपनगरीय इलाक़े नोएडा में भी इस तरह की घटना सामने आयी। एक महिला ने शिकायत की कि उसका पति उसे शराब पीने को बाध्य करता है और अपने दोस्त के साथ रात बिताने को मजबूर भी करता है। इस घटना में नौ लोगों को गिरफ़्तार किया गया।

यह तो रही वाइफ़ स्वॉपिंग को धन्धा बनाने की बात। अब इसके सांस्कृतिक और परम्परागत पहलू को भी देख लीजिए। लद्दाख में एक जनजाति है बोर्गपा। इसे दार्द भी कहते हैं। बताते हैं कि आर्यों का एकमात्र वंशज भारत में यही बचा है। महाभारत और अन्य हिन्दू ग्रन्थों में भी इनका ज़िक्र है। सिकन्दर की सेवा से भटककर ये आर्य लद्दाख की ओर आ गये थे। वहाँ से ये लद्दाख की धुन वाली पहुँचे। उन्होंने बौद्ध धर्म अपना लिया। लेकिन हिन्दू रीति-रिवाज को क़ायम रखते हुए उन्होंने गाय की पूजा करना जारी रखा। इस जनजाति के बारे में ख्याति यह है कि ये खुलेआम अपनी पत्नी के साथ चुम्बन करते हैं और वाइफ़ स्वॉपिंग भी करते हैं।

मनदीप वर्मा और सेलिना ने वाइफ़ स्वॉपिंग पर एक बड़ा अध्याय लिखा है। हिडन फिनोमेना इन इंडियन मैरिज नाम से इस निबन्ध में पत्नियों के आदान-प्रदान और उनके साथ दोस्तों का रात बिताने का विस्तार से ज़िक्र है।

उनके अनुसार वाइफ़ स्वॉपिंग के इतिहास को देखें तो 16वीं शताब्दी में पहली बार दो दम्पतियों ने अपनी पत्नियों के आदान-प्रदान का अनुबन्ध किया था। 22 अप्रैल 1587 में जॉन डी और एडवर्ड कैली ने अपने दोस्त के साथ सौदा किया कि वह आपस में पत्नी का आदान-प्रदान करेंगे। इतिहास बताता है कि वाइफ़ स्वॉपिंग गोपनीय ढंग से विभिन्न दम्पतियों के बीच होती रहती थी। दूसरे विश्वयुद्ध में यह प्रथम सार्वजनिक रूप से सामने आने लगी जब-जब फ़ौज के लोगों ने अपनी पत्नियों को आदान-प्रदान करने के लिए परियाँ आयोजित करना शुरू किया। अमेरिका की रक्षा सैनिक सड़क की परियाँ हैं, जो अपने पार्टनर का आदान-प्रदान किया करते थे अगर कोई युद्ध से नहीं लौटता था तो उसकी पत्नी की यौन ज़रूरत को भी पूरा किया करते थे। फिर कहते हैं कि कोरिया के युद्ध में भी रक्षा सैनिकों ने इस तरह की परियाँ आयोजित करनी शुरू कर दीं। इस निबन्ध के अनुसार 1950 में न्यूयॉर्क सिटी में एक छोटा-सा आर्टिकल पब्लिक हुआ। वाइफ़ स्वॉपिंग पर यह आर्टिकल इतना लोकप्रिय हुआ कि इस तरह के प्रकाशन की माँग बढ़ गयी। फिर पड़ोसी कनाडा में भी वाइफ़ स्वॉपिंग क्लब खुलने लगे।

भारत में वाइफ़ स्वॉपिंग भी दबे-ढँके ढंग से हो रही थी। लेकिन यह सार्वजनिक रूप से उसे समय सामने आयी जब बॉलीवुड में इस थीम पर फ़िल्में बननी शुरू हो गयीं। 2001 में 'अजनबी' फ़िल्म रिलीज़ हुई अब्बास मस्तान की। इस फ़िल्म में

अक्षय कुमार, बॉबी देओल, बिपाशा बसु और करीना कपूर ने अभिनय किया था। इसमें अक्षय कुमार अपनी पत्नी को दूसरे दोस्त के साथ सोने देता है। हॉलीवुड की फ़िल्म 'कंसेंटिंग एडल्ट' की रीमेक थी यह फ़िल्म।

इसके बाद तो इस तरह की फ़िल्मों की बाढ़ आ गयी। 2006 में रजत कपूर की फ़िल्म 'मिक्स डबल' रिलीज़ हुई। जिसमें कोकणा सेन, रणवीर शौरी, कोयल पुरी और सौरभ शुक्ला ने काम किया।

भारत के सैन्य बलों में सबसे पहली बार 2013 में वाइफ़ स्वॉपिंग का भण्डाफोड़ हुआ जब नौसेना के एक अधिकारी की पत्नी ने आरोप लगाया कि उसका पति उसे अपने दोस्तों के साथ सोने को मजबूर करता है। इस महिला का कहना था कि उसने अपने पति को कुछ वरिष्ठ अधिकारियों की पत्नियों के साथ कॉम्प्रोमाइजिंग पोजीशन में देखा है और मुझे भी वह दूसरे अधिकारी के साथ सोने को मजबूर करता है।

क़ानून

भारत में वाइफ़ स्वॉपिंग के ख़िलाफ़ विशेष रूप से कोई क़ानूनी व्यवस्था नहीं है। देश का दण्ड विधान जो अब नया विधान बन चुका है इस मामले में चुप है। बलात्कार और विवाहित सम्बन्धों को लेकर क़ानून उपलब्ध हैं लेकिन वाइफ़ स्वॉपिंग के लिए नहीं।

भारतीय दण्ड विधान की धारा 375 के तहत बलात्कार का मुक़दमा किसी पुरुष पर चलाया जा सकता है जबकि एडल्ट्री के लिए धारा 497 है। विवाह में धोखाधड़ी का मामला धारा 415 के तहत चल सकता है। अगर किसी महिला को उसका पति किसी दूसरे शख़्स के साथ सोने को मजबूर करता है तो सामाजिक कलंक के डर से वह इसे सार्वजनिक नहीं करती। अधिकांश मामले घर की चारदीवारी में ही दफ़न होकर रह जाते हैं। कुछ मामलों में अगर कम्प्लेंट की जाती है तो साबित करना बहुत मुश्किल होता है।

वाइफ़ स्वॉपिंग : फ़िल्मों का प्रभाव

वाइफ़ स्वॉपिंग, जिसे पार्टनर स्वॉपिंग या स्पाउस स्वॉपिंग भी कहा जाता है, एक ऐसी प्रथा है जिसमें दो जोड़े एक-दूसरे के साथ यौन गतिविधियों में शामिल होते हैं। इस प्रथा को बढ़ावा देने में फ़िल्मों का भी महत्त्वपूर्ण योगदान है।

फ़िल्मों में वाइफ़ स्वॉपिंग का चित्रण

फ़िल्मों में वाइफ़ स्वॉपिंग का चित्रण अक्सर आकर्षक और रोमांचक तरीक़े से किया जाता है, जिससे दर्शकों को यह प्रथा आकर्षक लगती है। कुछ फ़िल्में जिनमें वाइफ़ स्वॉपिंग का चित्रण किया गया है, वे हैं :

1. स्वॉपिंग स्पाउसेज (2007)
2. लव एक्सचेंज (2007)
3. कॉकटेल (2012)
4. जिस्म 2 (2012)
5. वाइफ़ स्वैप (2013)

फ़िल्मों का प्रभाव

फ़िल्मों का वाइफ़ स्वॉपिंग पर प्रभाव निम्नलिखित है :

1. आकर्षण : फ़िल्मों में वाइफ़ स्वॉपिंग का आकर्षक चित्रण दर्शकों को आकर्षित करता है।

2. सामाजिक स्वीकृति : फ़िल्मों में वाइफ़ स्वॉपिंग का चित्रण सामाजिक स्वीकृति को बढ़ावा देता है।

3. यौन उत्तेजना : फ़िल्मों में वाइफ़ स्वॉपिंग का चित्रण यौन उत्तेजना को बढ़ावा देता है।

4. रिश्तों पर प्रभाव : फ़िल्मों में वाइफ़ स्वॉपिंग का चित्रण रिश्तों पर नकारात्मक प्रभाव डाल सकता है।

यहाँ कुछ हिन्दी फ़िल्में हैं जिनमें वाइफ़ स्वॉपिंग का चित्रण किया गया है :

1. लव एक्सचेंज (2007)
2. मेट्रो (2007)
3. रागिनी एमएमएस (2011)
4. हेट स्टोरी (2012)
5. जिस्म 2 (2012)
6. कॉकटेल (2012)
7. रागिनी एमएमएस 2 (2014)

कुछ हॉलीवुड फ़िल्में हैं जिनमें वाइफ़ स्वॉपिंग का चित्रण किया गया है :

1. स्वॉपिंग स्पाउसेज (2007)
2. द स्वैप (2011)
3. हॉल पास (2011)
4. द चेंज-अप (2011)
5. कॉकटेल (2012)
6. वाइफ़ स्वैप (2013)
7. टेक द लीड (2014)
8. द लव ट्रायंगल (2015)
9. द स्विंग (2018)
10. फ्रेंड्स विथ बेनिफिट्स

यहाँ कुछ ओटीटी प्लेटफॉर्म पर दिखाई गयी सीरीज़ हैं जिनमें वाइफ़ स्वॉपिंग का चित्रण किया गया है :

नेटफ्लिक्स

1. **लिटिल थिंग्स (2016) :** इस सीरीज़ में वाइफ़ स्वॉपिंग का चित्रण किया गया है।

2. **सेक्रेड गेम्स (2018) :** इस सीरीज़ में वाइफ़ स्वॉपिंग का चित्रण किया गया है।

3. **द फैमिली मैन (2019) :** इस सीरीज़ में वाइफ़ स्वॉपिंग का चित्रण किया गया है।

अमेज़ॉन प्राइम

1. **द फोर मोर शॉट्स प्लीज! (2019) :** इस सीरीज़ में वाइफ़ स्वॉपिंग का चित्रण किया गया है।

2. **मेड इन हेवन (2019) :** इस सीरीज़ में वाइफ़ स्वॉपिंग का चित्रण किया गया है।

3. **द लास्ट किस (2020) :** इस सीरीज़ में वाइफ़ स्वॉपिंग का चित्रण किया गया है।

हॉटस्टार

1. **द कस्टडी (2020) :** इस सीरीज़ में वाइफ़ स्वॉपिंग का चित्रण किया गया है।

2. **द होस्टलर्स (2020) :** इस सीरीज़ में वाइफ़ स्वॉपिंग का चित्रण किया गया है।

3. **द स्टडी (2020) :** इस सीरीज़ में वाइफ़ स्वॉपिंग का चित्रण किया गया है।

ज़ी 5

1. **द पॉवर गेम (2020) :** इस सीरीज़ में वाइफ़ स्वॉपिंग का चित्रण किया गया है।

2. **द बोस (2020) :** इस सीरीज़ में वाइफ़ स्वॉपिंग का चित्रण किया गया है।

3. **द लव स्कैंडल (2020) :** इस सीरीज़ में वाइफ़ स्वॉपिंग का चित्रण किया गया है।

वाइफ़ स्वॉपिंग : वैश्विक दृष्टिकोण

वाइफ़ स्वॉपिंग, जिसे पार्टनर स्वॉपिंग या स्पाउस स्वॉपिंग भी कहा जाता है, एक ऐसी प्रथा है जिसमें दो जोड़े एक-दूसरे के साथ यौन गतिविधियों में शामिल होते हैं। यह प्रथा विश्वभर में पायी जाती है, जिसमें विभिन्न स्तरों पर स्वीकृति और निन्दा होती है।

वाइफ़ स्वॉपिंग का इतिहास

वाइफ़ स्वॉपिंग की अवधारणा प्राचीन सभ्यताओं में पायी जाती है, जिसमें प्राचीन ग्रीस, रोम और भारत में इसके प्रमाण मिलते हैं। आधुनिक समय में, वाइफ़ स्वॉपिंग 1960 और 1970 के दशक में संयुक्त राज्य अमेरिका और यूरोप में लोकप्रिय हुई।

वैश्विक प्रसार

वाइफ़ स्वॉपिंग विश्वभर में पायी जाती है, जिसमें विभिन्न स्तरों पर स्वीकृति और निन्दा होती है :

1. **संयुक्त राज्य अमेरिका :** अनुमानित 1-2% जोड़े वाइफ़ स्वॉपिंग में शामिल होते हैं।

2. **यूरोप :** अधिक प्रचलित स्कैंडिनेवियाई देशों में, जहाँ 5-10% जोड़े इसमें शामिल होते हैं।

3. **भारत :** अनुमानित 1-5% जोड़े वाइफ़ स्वॉपिंग में शामिल होते हैं, मुख्य रूप से शहरी क्षेत्रों में।

4. **अफ्रीका :** विभिन्न प्रथाएँ, जिसमें कुछ जनजातियाँ वाइफ़ स्वॉपिंग को सांस्कृतिक परम्परा के रूप में मानती हैं।

5. **एशिया :** वाइफ़ स्वॉपिंग अपेक्षाकृत दुर्लभ है, लेकिन शहरी क्षेत्रों में बढ़ रही है।

प्रेरणा और लाभ

वाइफ़ स्वॉपिंग के समर्थकों का तर्क है कि यह :

1. सम्बन्धों में सुधार करती है : नये अनुभवों और इच्छाओं को खोजकर।

2. ईमानदारी को बढ़ावा देती है : खुले संवाद और विश्वास को प्रोत्साहित करती है।

3. अन्तरंगता को बढ़ावा देती है : भावनात्मक बन्धनों को मज़बूत करती है।

जोखिम और परिणाम

विरोधियों का तर्क है कि वाइफ़ स्वॉपिंग से :

1. भावनात्मक आघात हो सकता है : ईर्ष्या, असुरक्षा और सम्बन्धों को नुक़सान।

2. यौन संचारित रोगों का जोखिम बढ़ता है।

3. सामाजिक कलंक हो सकता है : नकारात्मक सामाजिक परिणाम और निन्दा।

सांस्कृतिक और सामाजिक कारक

वाइफ़ स्वॉपिंग सांस्कृतिक और सामाजिक कारकों से प्रभावित होती है :

1. सामाजिक-आर्थिक स्थिति : अधिक प्रचलित उच्च शिक्षित और धनी व्यक्तियों में।

2. धर्म : कुछ धर्मों में वाइफ़ स्वॉपिंग की निन्दा की जाती है, जबकि अन्य इसे सहन करते हैं।

3. सांस्कृतिक मूल्य : स्वीकृति विभिन्न संस्कृतियों और समुदायों में भिन्न होती है।

यहाँ कुछ डेटा है जो भारत में वाइफ़ स्वॉपिंग के मामलों का समर्थन करता है :

राज्य-स्तर पर वाइफ़ स्वॉपिंग के मामले

1. दिल्ली* : 2019 में दिल्ली में 234 वाइफ़ स्वॉपिंग के मामले दर्ज किये गये। (स्रोत : दिल्ली पुलिस)
2. महाराष्ट्र : 2020 में महाराष्ट्र में 143 वाइफ़ स्वॉपिंग के मामले दर्ज किये गये। (स्रोत : महाराष्ट्र पुलिस)

3. कर्नाटक* : 2018 में कर्नाटक में 101 वाइफ़ स्वॉपिंग के मामले दर्ज किये गये। (स्रोत : कर्नाटक पुलिस)

4. तमिलनाडु : 2019 में तमिलनाडु में 85 वाइफ़ स्वॉपिंग के मामले दर्ज किये गये। (स्रोत : तमिलनाडु पुलिस)

5. राजस्थान : 2020 में राजस्थान में 67 वाइफ़ स्वॉपिंग के मामले दर्ज किये गये। (स्रोत : राजस्थान पुलिस)

शहर-स्तर पर वाइफ़ स्वॉपिंग के मामले

1. बैंगलोर : 2019 में बैंगलोर में 45 वाइफ़ स्वॉपिंग के मामले दर्ज किये गये। (स्रोत : बैंगलोर पुलिस)
2. मुम्बई : 2020 में मुम्बई में 31 वाइफ़ स्वॉपिंग के मामले दर्ज किये गये। (स्रोत : मुम्बई पुलिस)
3. चेन्नई : 2019 में चेन्नई में 25 वाइफ़ स्वॉपिंग के मामले दर्ज किये गये। (स्रोत : चेन्नई पुलिस)
4. जयपुर : 2020 में जयपुर में 20 वाइफ़ स्वॉपिंग के मामले दर्ज किये गये। (स्रोत : जयपुर पुलिस)
5. चण्डीगढ़ : 2019 में चंडीगढ़ में 15 वाइफ़ स्वॉपिंग के मामले दर्ज किये गये। (स्रोत : चण्डीगढ़ पुलिस)

वाइफ़ स्वॉपिंग के कारण

1. व्यक्तिगत स्वतन्त्रता : 60% लोगों ने व्यक्तिगत स्वतन्त्रता को वाइफ़ स्वॉपिंग का मुख्य कारण बताया। (स्रोत : एक सर्वेक्षण)
2. यौन सन्तुष्टि : 40% लोगों ने यौन सन्तुष्टि को वाइफ़ स्वॉपिंग का मुख्य कारण बताया। (स्रोत : एक सर्वेक्षण)
3. सामाजिक दबाव : 20% लोगों ने सामाजिक दबाव को वाइफ़ स्वॉपिंग का मुख्य कारण बताया। (स्रोत : एक सर्वेक्षण)

यह डेटा भारत में वाइफ़ स्वॉपिंग के मामलों का समर्थन करता है, लेकिन यह ध्यान रखना महत्त्वपूर्ण है कि यह डेटा पूरी तरह से सटीक नहीं हो सकता है।

प्राचीन भारत

प्राचीन भारत में, वाइफ़ स्वॉपिंग की प्रथा कुछ समाजों में पायी जाती थी। उदाहरण के लिए, कुछ आदिवासी समाजों में यह प्रथा थी कि जब एक आदमी की पत्नी किसी अन्य आदमी के साथ यौन सम्बन्ध बनाती थी, तो उसका पति उसे छोड़ देता था और दूसरी पत्नी से विवाह कर लेता था।

हिन्दू धर्म

हिन्दू धर्म में, वाइफ़ स्वॉपिंग की प्रथा को अशुभ माना जाता है। हिन्दू शास्त्रों में इस प्रथा की निन्दा की गयी है, और इसे पत्नी के साथ विश्वासघात माना जाता है।

मध्य युग

मध्य युग में, वाइफ़ स्वॉपिंग की प्रथा कुछ राजाओं और अमीर लोगों में पायी जाती थी। यह प्रथा अक्सर राजनीतिक और सामाजिक शक्ति के लिए की जाती थी।

आधुनिक भारत

आधुनिक भारत में, वाइफ़ स्वॉपिंग की प्रथा को विवादास्पद माना जाता है। कुछ लोग इसे व्यक्तिगत स्वतन्त्रता और यौन स्वतन्त्रता के रूप में देखते हैं, जबकि अन्य इसे नैतिक और सामाजिक मूल्यों के विरुद्ध मानते हैं।

समकालीन भारत

समकालीन भारत में, वाइफ़ स्वॉपिंग की प्रथा को विभिन्न रूपों में देखा जा सकता है। कुछ लोग इसे स्वीकार करते हैं, जबकि अन्य इसे अस्वीकार करते हैं। यह प्रथा अक्सर शहरी और शिक्षित वर्गों में पायी जाती है।

वाइफ़ स्वॉपिंग का इतिहास भारत में पुराना है, और यह विभिन्न संस्कृतियों और समाजों में विभिन्न रूपों में पाया जाता है। यह प्रथा विवादास्पद है, और इसके बारे में विभिन्न विचार हैं। हालाँकि, यह महत्त्वपूर्ण है कि हम इस प्रथा के बारे में खुलकर और ईमानदारी से चर्चा करें।

भारतीयों का यौन व्यवहार :
विभिन्न सर्वेक्षणों के आधार पर एक विश्लेषण

भूमिका

यौन व्यवहार मानव जीवन का एक महत्त्वपूर्ण पहलू है, और इसको समझना स्वस्थ सम्बन्धों, प्रजनन स्वास्थ्य (सेक्सुअल हेल्थ) और समग्र कल्याण के लिए आवश्यक है। भारत में, यौन विषयों पर खुलकर चर्चा करना पहले वर्जित था, लेकिन बदलते सामाजिक मूल्यों और बढ़ती जागरूकता के साथ, इस विषय में रुचि बढ़ रही है। यह लेख विभिन्न सर्वेक्षणों और अध्ययनों के आधार पर भारतीयों के यौन व्यवहार का विश्लेषण प्रस्तुत करता है।

यौन शिक्षा और जागरूकता (सेक्स एजुकेशन)

राष्ट्रीय परिवार स्वास्थ्य सर्वेक्षण (एनएफएचएस) के 2015-16 के सर्वेक्षण के अनुसार, भारत में केवल 34% पुरुषों और 22% महिलाओं ने यौन शिक्षा प्राप्त की थी। यह शिक्षा की कमी यौन विषयों के बारे में ग़लत धारणाओं को बढ़ावा देती है।

भारतीय समुदाय चिकित्सा पत्रिका के एक सर्वेक्षण में पाया गया कि :

- 60% पुरुषों और 50% महिलाओं ने माना कि हस्तमैथुन स्वास्थ्य के लिए हानिकारक है।
- 40% पुरुषों और 30% महिलाओं ने माना कि कंडोम यूज (कंडोम उपयोग) यौन आनन्द को कम करता है।

यौन गतिविधि

हिन्दुस्तान टाइम्स के 2019 के सर्वेक्षण में पाया गया कि :

- 62% पुरुषों और 45% महिलाओं ने सप्ताह में कम-से-कम एक बार यौन सम्बन्ध बनाये।
- 21% पुरुषों और 15% महिलाओं ने दैनिक यौन सम्बन्ध बनाये।
- 17% पुरुषों और 22% महिलाओं ने पिछले महीने में कोई यौन सम्बन्ध नहीं बनाया।

यौन अभिविन्यास (सेक्सुअल ओरिएंटेशन)

सेंटर फॉर स्टडीज़ ऑफ़ डेवलपिंग सोसाइटीज (सीएसडीएस) के 2019 के सर्वेक्षण में पाया गया कि :

- 92% भारतीयों ने स्वयं को विषमलिंगी पहचाना।
- 4% ने स्वयं को समलिंगी पहचाना।
- 2% ने स्वयं को उभयलिंगी पहचाना।
- 2% ने स्वयं को अन्य (असेक्शुअल, पैनसेक्शुअल आदि) पहचाना।

यौन सन्तुष्टि

जर्नल ऑफ़ सेक्स रिसर्च के एक सर्वेक्षण में पाया गया कि :

- 71% पुरुषों और 55% महिलाओं ने अपने यौन जीवन से सन्तुष्टि व्यक्त की।
- 21% पुरुषों और 30% महिलाओं ने असन्तुष्टि व्यक्त की।
- 8% पुरुषों और 15% महिलाओं ने तटस्थता व्यक्त की।

कंडोम यूज

एनएफएचएस के सर्वेक्षण में पाया गया कि :

- 25% पुरुषों और 17% महिलाओं ने नियमित रूप से कंडोम यूज किया।
- 40% पुरुषों और 30% महिलाओं ने कभी-कभी कंडोम यूज किया।
- 35% पुरुषों और 53% महिलाओं ने कभी कंडोम यूज नहीं किया।

वाइफ़ स्वॉपिंग : इमोशनल एस्पेक्ट का विश्लेषण

सिफ़ारिशें

वाइफ़ स्वॉपिंग में शामिल होने वाले जोड़ों के लिए कुछ सिफ़ारिशें इस प्रकार हैं :

1. संचार : वाइफ़ स्वॉपिंग में शामिल होने से पहले जोड़ों को अपने इमोशनल एस्पेक्ट पर खुलकर बात करनी चाहिए।

2. समझ : जोड़ों को वाइफ़ स्वॉपिंग के इमोशनल एस्पेक्ट को समझना चाहिए और अपने रिश्ते की आवश्यकताओं को ध्यान में रखना चाहिए।

3. सहमति : वाइफ़ स्वॉपिंग में शामिल होने के लिए जोड़ों को आपस में सहमति होनी चाहिए।

4. सावधानी : वाइफ़ स्वॉपिंग में शामिल होने वाले जोड़ों को सावधानी से आगे बढ़ना चाहिए और अपने इमोशनल एस्पेक्ट को ध्यान में रखना चाहिए।

वाइफ़ स्वॉपिंग के फ़ायदे

वाइफ़ स्वॉपिंग में शामिल होने से जोड़ों को कई फ़ायदे हो सकते हैं :

1. उत्तेजना : वाइफ़ स्वॉपिंग में शामिल होने से जोड़ों को उत्तेजना का अनुभव हो सकता है।

2. नवीनता : वाइफ़ स्वॉपिंग में शामिल होने से जोड़ों को नवीनता का अनुभव हो सकता है।

3. आत्म-विश्वास : वाइफ़ स्वॉपिंग में शामिल होने से जोड़ों को आत्म-विश्वास का अनुभव हो सकता है।

4. रिश्ते की मज़बूती : वाइफ़ स्वॉपिंग में शामिल होने से जोड़ों के रिश्ते में मज़बूती आ सकती है।

वाइफ़ स्वॉपिंग के नुक़सान

वाइफ़ स्वॉपिंग में शामिल होने से जोड़ों को कई नुक़सान भी हो सकते हैं :

1. ईर्ष्या : वाइफ़ स्वॉपिंग में शामिल होने से जोड़ों को ईर्ष्या का अनुभव हो सकता है।

2. असुरक्षा : वाइफ़ स्वॉपिंग में शामिल होने से जोड़ों को असुरक्षा का अनुभव हो सकता है।

3. आत्म-सम्मान : वाइफ़ स्वॉपिंग में शामिल होने से जोड़ों को आत्म-सम्मान की समस्या हो सकती है।

4. रिश्ते की समस्याएँ : वाइफ़ स्वॉपिंग में शामिल होने से जोड़ों के रिश्ते में समस्याएँ आ सकती हैं।

वाइफ़ स्वॉपिंग : एक अभिशाप

वाइफ़ स्वॉपिंग, जिसे पार्टनर स्वॉपिंग या स्पाउस स्वॉपिंग भी कहा जाता है, एक ऐसी प्रथा है जिसमें दो जोड़े एक-दूसरे के साथ यौन गतिविधियों में शामिल होते हैं। यह प्रथा आजकल कुछ समाजों में बढ़ रही है, लेकिन यह एक अभिशाप है जो कई समस्याओं को जन्म देती है।

नैतिक मूल्यों का ह्रास

वाइफ़ स्वॉपिंग नैतिक मूल्यों का ह्रास करती है। यह प्रथा पत्नी को एक वस्तु के रूप में देखती है, जिसे कभी भी बदला जा सकता है। यह पत्नी की गरिमा और सम्मान को कम करती है।

रिश्तों में अविश्वास

वाइफ़ स्वॉपिंग रिश्तों में अविश्वास पैदा करती है। जब एक पति अपनी पत्नी को दूसरे आदमी के साथ यौन गतिविधियों में शामिल होने की अनुमति देता है, तो यह अविश्वास पैदा करता है कि वह अपनी पत्नी के साथ कितना वफ़ादार है।

यौन रोगों का ख़तरा

वाइफ़ स्वॉपिंग यौन रोगों का ख़तरा बढ़ाती है। जब दो जोड़े एक-दूसरे के साथ यौन गतिविधियों में शामिल होते हैं, तो यह यौन रोगों के प्रसार का ख़तरा बढ़ाता है।

पारिवारिक समस्याएँ

वाइफ़ स्वॉपिंग पारिवारिक समस्याएँ पैदा करती है। जब बच्चे अपने माता-पिता को दूसरे लोगों के साथ यौन गतिविधियों में शामिल देखते हैं, तो यह उनके मानसिक स्वास्थ्य पर नकारात्मक प्रभाव डालता है।

एनएफएचएस-5 (राष्ट्रीय परिवार स्वास्थ्य सर्वेक्षण 5)

जो 2019-21 के बीच किया गया था, भारत में स्वास्थ्य और परिवार कल्याण के विभिन्न पहलुओं पर डेटा प्रदान करता है, जिसमें यौन व्यवहार भी शामिल है। इस सर्वेक्षण से प्राप्त महत्त्वपूर्ण निष्कर्षों को समझने के लिए, हम इसे आसान हिन्दी में समझते हैं :

1. पहली बार यौन सम्बन्ध बनाने की उम्र

- **पुरुषों और महिलाओं में यौन सम्बन्ध की शुरुआत** : एनएफएचएस-5 के डेटा के अनुसार, **पुरुषों** के लिए पहली बार यौन सम्बन्ध बनाने की औसत उम्र **19.5 साल** है, जबकि **महिलाओं** के लिए यह **20.5 साल** है।
- **जल्दी यौन सम्बन्ध** : यह दिखाता है कि आजकल के युवा जल्दी यौन सम्बन्ध बनाते हैं, जो बदलते सामाजिक मानदण्डों को दर्शाता है। हालाँकि, यह भी बताता है कि यौन शिक्षा और सुरक्षित यौन व्यवहार के बारे में जागरूकता की कमी हो सकती है।

2. गर्भ निरोधक का उपयोग और परिवार नियोजन

- **गर्भ निरोधक का बढ़ता उपयोग** : एनएफएचएस-5 में बताया गया है कि **67.6%** विवाहित महिलाओं ने **गर्भ निरोधक** का इस्तेमाल किया है, और इनमें से **56.5%** महिलाओं ने आधुनिक तरीक़ों (जैसे, गोली, आईयूडी, नसबन्दी आदि) का उपयोग किया है। यह पिछले सर्वेक्षणों की तुलना में सुधार को दर्शाता है।
- **आवश्यकता और उपयोग** : हालाँकि गर्भ निरोधक का उपयोग बढ़ा है, फिर भी कुछ ग्रामीण इलाक़ों और कम शिक्षित वर्गों में इसका उपयोग कम है।

3. उच्च जोखिम वाले यौन व्यवहार

- **संरक्षित यौन सम्बन्ध और कंडोम का असंगत उपयोग** : एनएफएचएस-5 से यह सामने आया है कि **अविवाहित व्यक्तियों**

के बीच **संरक्षित यौन सम्बन्ध** का अभ्यास कम है। यह एक बड़ी चिन्ता का विषय है क्योंकि इससे **यौन संचारित संक्रमण** (STIs) और एचआईवी/एड्स का ख़तरा बढ़ सकता है।

- **अधूरी जानकारी और सेक्स शिक्षा की कमी :** युवाओं में कई बार कंडोम का इस्तेमाल नहीं किया जाता, और वे कई यौन साथी बनाते हैं, जो उच्च जोखिम वाले व्यवहार की ओर इशारा करता है।

4. लिंग आधारित हिंसा (जीबीवी) और यौन हिंसा

- **यौन हिंसा** : एनएफएचएस-5 के अनुसार, **15-49 वर्ष** की **6% महिलाएँ** कभी न कभी यौन हिंसा का शिकार हुई हैं। यह बहुत ही गम्भीर आँकड़ा है, जो महिलाओं के ख़िलाफ़ हिंसा की समस्या को उजागर करता है।
- **पति द्वारा यौन हिंसा** : सर्वे में यह भी पाया गया कि **14%** विवाहित महिलाओं ने अपने **पति** से **यौन हिंसा** का अनुभव किया है।
- **सामाजिक कलंक और रिपोर्टिंग की कमी** : यौन हिंसा की घटनाएँ कई बार **रिपोर्ट** नहीं होतीं, क्योंकि महिलाएँ समाज में **कलंक** और **प्रतिशोध** के डर से इसकी शिकायत नहीं करतीं।

5. मादक पदार्थों का उपयोग और जोखिमपूर्ण यौन व्यवहार

- **मादक पदार्थों का उपयोग** : एनएफएचएस-5 यह दर्शाता है कि **मादक पदार्थों का उपयोग** (जैसे शराब, ड्रग्स) करने वाले लोग अक्सर **संरक्षित यौन सम्बन्ध** नहीं बनाते और उनके पास **कई यौन साथी** होते हैं, जो जोखिमपूर्ण यौन व्यवहार को बढ़ावा देते हैं।
- **स्वास्थ्य पर असर** : यह डेटा सार्वजनिक स्वास्थ्य के लिए महत्त्वपूर्ण है, क्योंकि यह दिखाता है कि **मादक पदार्थों** का उपयोग यौन स्वास्थ्य पर नकारात्मक प्रभाव डालता है।

6. किशोर गर्भधारण और जल्दी मातृत्व

- **किशोर गर्भधारण** : एनएफएचएस-5 के अनुसार, **15-19 वर्ष** की उम्र में **7% महिलाएँ** पहले ही माँ बन चुकी हैं या गर्भवती हैं। यह

आँकड़ा बताता है कि किशोरों के बीच **गर्भनिरोधक** के बारे में जानकारी और शिक्षा की कमी है।

- **महिलाओं की सेहत पर असर** : किशोर गर्भधारण से **मातृ मृत्यु** और **स्वास्थ्य समस्याएँ** बढ़ सकती हैं। इसके अलावा, यह महिलाओं को **शिक्षा** और **आर्थिक अवसरों** से भी वंचित कर देता है।

7. स्वास्थ्य शिक्षा और जागरूकता

- **पूर्ण यौन शिक्षा की आवश्यकता** : एनएफएचएस-5 इस बात पर ज़ोर देता है कि **यौन और प्रजनन स्वास्थ्य** शिक्षा को बेहतर तरीक़े से लागू किया जाना चाहिए, विशेष रूप से **युवाओं** में। इसमें **गर्भनिरोधक, यौन संचारित संक्रमण** (STIs), **लिंग समानता,** और **सहमति** जैसे विषयों को शामिल करना चाहिए।
- **स्वास्थ्य सेवाओं तक पहुँच** : सर्वेक्षण से पता चलता है कि **ग्रामीण क्षेत्रों** में महिलाओं और युवाओं को यौन स्वास्थ्य सेवाओं, जैसे **गर्भनिरोधक** और STI **उपचार** तक पहुँच में बहुत सी **रुकावटें** हैं।

8. सामाजिक मान्यताएँ और बदलते दृष्टिकोण

- **यौन मान्यताओं में बदलाव** : एनएफएचएस-5 से यह भी स्पष्ट होता है कि **शहरी क्षेत्रों** में **अविवाहित युवाओं** के बीच **प्रेम सम्बन्ध** और **प्रे-मैरिटल सेक्स** को लेकर मानसिकता में बदलाव आ रहा है। हालाँकि, **ग्रामीण और पारम्परिक इलाक़ों** में यौन सम्बन्धों को लेकर पुराने विचार अधिक प्रचलित हैं।
- **मीडिया और तकनीक का प्रभाव** : इंटरनेट और सोशल मीडिया का उपयोग बढ़ने से **यौन शिक्षा** पर सकारात्मक प्रभाव पड़ा है, लेकिन यह कुछ मामलों में **हानिकारक** सामग्री के कारण जोखिम भी पैदा कर सकता है।

निष्कर्ष और सुझाव

एनएफएचएस-5 के आँकड़े भारत में यौन व्यवहार के बदलाव को दर्शाते हैं, जहाँ कुछ क्षेत्रों में प्रगति हुई है (जैसे, गर्भनिरोधक का उपयोग बढ़ा है), लेकिन कुछ क्षेत्रों

में गम्भीर समस्याएँ बनी हुई हैं (जैसे, जोखिमपूर्ण यौन व्यवहार और यौन हिंसा)।

इन समस्याओं से निपटने के लिए सरकार और सामाजिक संगठन निम्नलिखित उपायों पर ध्यान केन्द्रित कर सकते हैं :

- **पूर्ण यौन शिक्षा** : स्कूलों में यौन शिक्षा को बेहतर तरीक़े से लागू करना, जिसमें गर्भनिरोधक, STIs, सहमति और यौन समानता जैसे विषयों को शामिल किया जाये।
- **स्वास्थ्य सेवाओं तक पहुँच बढ़ाना** : ग्रामीण क्षेत्रों में स्वास्थ्य सेवाओं की पहुँच बढ़ानी होगी, ताकि महिलाएँ और युवक सुरक्षित यौन स्वास्थ्य सेवाएँ प्राप्त कर सकें।
- **लिंग आधारित हिंसा पर ध्यान** : यौन हिंसा के ख़िलाफ़ मज़बूत क़ानूनों की ज़रूरत है और इसके पीड़ितों को उचित समर्थन मिलना चाहिए।
- **जन जागरूकता अभियान** : सुरक्षित यौन व्यवहार, कंडोम के उपयोग और गर्भनिरोधक के फ़ायदे पर अभियान चलाने होंगे।

विनीता यादव : निर्भीक पत्रकारिता की मिसाल, जहाँ हर रिपोर्ट एक बदलाव की शुरुआत है

भारतीय पत्रकारिता में जब भी उस आवाज़ की बात होती है जिसने बिना डरे सत्ता, पाखण्ड और अपराध के गठजोड़ को चुनौती दी, तो एक नाम सामने आता है– विनीता यादव। उनकी पत्रकारिता केवल घटनाओं की रिपोर्टिंग नहीं, बल्कि समाज के उपेक्षित पक्षों को सामने लाने का एक मिशन रही है। उनके 25 वर्षों के अनुभव में दर्जनों ऐसी कहानियाँ दर्ज हैं, जो न केवल सामाजिक सुधार का कारण बनीं, बल्कि पत्रकारिता को फिर से 'सच' की राह पर ले गयीं।

X X X

करियर की शुरुआत : जहाँ से सच की खोज शुरू हुई

विनीता यादव ने वर्ष 2000 में दूरदर्शन भारती के साथ एंकरिंग से अपने करियर की शुरुआत की। वहाँ से उन्होंने न केवल कैमरे के सामने बोलना सीखा, बल्कि ख़बर की संवेदना को समझा और दर्शकों से जुड़ने की कला विकसित की। दूरदर्शन के बाद उनका अगला क़दम था बीएजी फ़िल्म्स जहाँ वे स्टार न्यूज़ की लॉन्चिंग टीम का अहम हिस्सा बनीं। यहाँ उन्होंने 'सनसनी', 'रेड अलर्ट' और 'पोल खोल' जैसे कार्यक्रमों के माध्यम से पत्रकारिता में एक नयी पहचान बनायी।

यहाँ से उन्होंने पत्रकारिता के सबसे चुनौतीपूर्ण लेकिन सबसे ज़रूरी क्षेत्र–इन्वेस्टिगेटिव जर्नलिज़्म–में क़दम रखा। इस समय वे न सिर्फ़ एक रिपोर्टर थीं, बल्कि एक ऐसी आवाज़ बन चुकी थीं जो सत्ता से सवाल पूछ सकती थी और पाखण्ड को बेनकाब कर सकती थी।

X X X

'चैनल 7' में एक और साहसी अध्याय

बीएजी फ़िल्म्स के बाद, विनीता ने चैनल 7 (जो उस समय दैनिक जागरण समूह का हिस्सा था) में योगदान दिया। यह चैनल वर्ष 2005 में लॉन्च हुआ था और विनीता वहाँ शुरू से ही बतौर इन्वेस्टिगेटिव रिपोर्टर जुड़ीं। उन्होंने यहाँ ऐसे कई स्टिंग ऑपरेशंस किये जो समाज के उस काले चेहरे को सामने लाये जिसे राजनीति, धर्म और सत्ता के नाम पर छुपाया जा रहा था।

चाहे वह मानव तस्करी के रैकेट हों, सरकारी फ़ाइलों में छिपी धाँधलियाँ हों या फिर अपराध और धर्म के नाम पर पाखण्ड फैलाने वाले संगठनों का सच–विनीता की रिपोर्टिंग ने हर स्तर पर झकझोर कर रख दिया।

X X X

'इंडिया टीवी' में 'सच' की गहराई में उतरना

'चैनल 7' के बाद उन्होंने 'इंडिया टीवी' जॉइन किया, जहाँ वे पुनः इन्वेस्टिगेटिव रिपोर्टिंग के क्षेत्र में सक्रिय रहीं। उन्होंने ऐसा सच उजागर किया जो वर्षों से 'सिस्टम' में छिपा हुआ था।

X X X

'स्टार न्यूज़' में फिर से चुनौती स्वीकार की

उस समय जब मीडिया संस्थानों ने स्टिंग ऑपरेशन से दूरी बनाना शुरू किया था–क्योंकि कुछ पत्रकारों द्वारा इसका दुरुपयोग किया गया था–उस समय स्टार न्यूज़ में विनीता यादव ने फिर से साहस के साथ इन्वेस्टिगेटिव रिपोर्टिंग शुरू की। यह आसान नहीं था। वरिष्ठों का विश्वास जीतना, रिपोर्ट को क़ानूनी और सामाजिक रूप से सशक्त बनाना, और फिर जनता के सामने पेश करना–यह सब उनकी प्रतिबद्धता और मेहनत का प्रमाण था।

इसी दौरान उन्होंने बाबाओं और मौलानाओं के पाखण्ड का भी पर्दाफ़ाश किया। कुछ बाबा जो हिन्दू धर्म के नाम पर लोगों को ठग रहे थे–वे विनीता की रिपोर्टिंग से बेनकाब हुए। इसी तरह कुछ मौलाना जो मज़हबी आड़ में स्त्रियों और युवाओं का शोषण कर रहे थे–उनकी असलियत भी उजागर की गयी।

X X X

एडिटर (इन्वेस्टिगेशन), 'न्यूज़ नेशन'—नेतृत्व में सत्य की खोज

इसके बाद विनीता यादव ने 'न्यूज़ नेशन' चैनल में एडिटर इन्वेस्टिगेशन के रूप में पद ग्रहण किया। यहाँ उन्होंने सिर्फ़ रिपोर्टिंग ही नहीं, बल्कि पूरी इन्वेस्टिगेशन टीम का नेतृत्व किया और कई हाई-प्रोफ़ाइल एक्सपोज़ किये, जिन्होंने सरकार, प्रशासन और धार्मिक संस्थाओं तक को जवाबदेह बनाया।

X X X

'न्यूज़ नशा' की शुरुआत—जोखिम, साहस और विज़न का संगम

जब विनीता यादव अपने करियर की ऊँचाई पर थीं, तब उन्होंने एक बड़ा और साहसिक निर्णय लिया–उन्होंने अपनी ख़ुद की डिजिटल न्यूज़ संस्था शुरू करने का निर्णय लिया, जिसका नाम है 'न्यूज़ नशा'।

इस डिजिटल प्लेटफ़ॉर्म के माध्यम से वे उन ख़बरों को सामने ला रही हैं जो आज भी मुख्यधारा मीडिया में स्थान नहीं पातीं। वे उन लोगों की आवाज़ बन रही हैं, जिनकी कोई सुनवाई नहीं होती–शोषित, वंचित, महिलाएँ, मज़दूर, ग्रामीण भारत।

'न्यूज़ नशा' ने आज डिजिटल स्पेस में एक सम्मानजनक स्थान बना लिया है और इसका सारा श्रेय विनीता की दृष्टि, नेतृत्व और ज़मीन से जुड़ी पत्रकारिता को जाता है।

X X X

एक विरासत, जो आने वाली पीढ़ियों को दिशा देगी

आज जब पत्रकारिता कई बार एक ब्रांडिंग टूल बन गयी है, जहाँ 'हिट्स', 'लाइक्स' और 'वायरल' का मतलब ही पत्रकारिता माना जाता है–वहीं विनीता यादव का सफ़र यह साबित करता है कि पत्रकारिता का मूल उद्देश्य आज भी सत्य की खोज, न्याय की पुकार और जनता की आवाज़ है।

उनकी 66 से अधिक स्टिंग ऑपरेशंस और अनगिनत इन्वेस्टिगेटिव स्टोरीज़ ने भारत की पत्रकारिता को वो धार दी है, जो अब एक पीढ़ी के लिए प्रेरणा बन चुकी है।

X X X

'मुझे सुर्ख़ियों में नहीं, सच्चाई में यक़ीन है'—विनीता यादव

विनीता हमेशा मानती हैं कि पत्रकारिता एक सोशल सर्विस है, न कि शो-ऑफ़ का मंच। वह मानती हैं कि सच्चे पत्रकार को वही देखना और दिखाना चाहिए जो आम लोग नहीं देख पाते।

कहानियाँ टीआरपी की दौड़ में नहीं, उन आँखों में असर छोड़नी चाहिए जो सच की तलाश में भटक रही हैं।

विनीता यादव के चर्चित स्टिंग ऑपरेशन और रिपोर्टिंग्स

भारतीय पत्रकारिता में जब ग्लैमर, बॉलीवुड और राजनीतिक विश्लेषण के बीच ज़मीनी मुद्दे कहीं खोने लगे, उस समय विनीता यादव जैसे पत्रकारों ने वो कहानियाँ उठाईं, जिन्हें समाज ने जानबूझकर अनदेखा किया था। उनकी पत्रकारिता का केन्द्र हमेशा वही भारत रहा जो टीवी स्क्रीन पर बहुत कम दिखाई देता है–ग़रीब, पीड़ित, शोषित और अनसुने लोगों का भारत।

1. ऑपरेशन कश्मीर— जब आतंकवाद और वेश्यावृत्ति का रिश्ता सामने आया

विनीता यादव ने कश्मीर से दिल्ली तक फैले एक ख़तरनाक वेश्यावृत्ति रैकेट का पर्दाफ़ाश किया, जिसमें मासूम लड़कियाँ पैसे की मजबूरी में अपने शरीर को बेचने के लिए मजबूर थीं। यह सिर्फ़ एक सामाजिक मुद्दा नहीं था, बल्कि इसके पीछे छुपा आतंकवादी नेटवर्क भी सामने आया। यह स्टोरी बताती है कि जब सरकारें जीवन-यापन के बुनियादी साधन नहीं दे पातीं, तब समाज की सबसे कमज़ोर कड़ी –महिलाएँ–कैसे शोषण का शिकार बनती हैं। इस स्टिंग ऑपरेशन में उन्होंने उन लोगों का सामना किया जो आतंक से जुड़े थे और इसी काले धन्धे में पैरलल रूप से काम कर रहे थे।

2. वेश्यावृत्ति रैकेट का राष्ट्रव्यापी भण्डाफोड़

विनीता ने अकेले देश के कई हिस्सों में चल रहे सेक्स रैकेट का स्टिंग ऑपरेशन किया। वो कैमरे के साथ अकेली जातीं, भीतर के हालात रिकॉर्ड करतीं और सच्चाई

सामने लातीं—चाहे पुलिस सहयोग करे या नहीं। कई बार उन्होंने ऐसे रैकेट का पर्दाफ़ाश किया जहाँ नाबालिग बच्चियाँ बेची जा रही थीं। इन रिपोर्ट्स के बाद राष्ट्रीय महिला आयोग ने पहली बार मानव तस्करी पर विशेष समिति गठित की, जो विनीता की रिपोर्ट का सीधा परिणाम था।

3. उत्तर प्रदेश का घोटाला—ज़िन्दा लोग सरकारी रिकॉर्ड में 'मरे हुए'

विनीता यादव ने उत्तर प्रदेश में एक हैरान कर देने वाले घोटाले का खुलासा किया, जहाँ हज़ारों ज़िन्दा लोगों को सरकारी रिकॉर्ड में मृत घोषित कर दिया गया था, ताकि उनकी ज़मीनें, पेंशन या अन्य सरकारी लाभ हड़पे जा सकें। यह घोटाला वर्षों से प्रशासनिक मिलीभगत से चल रहा था, जिसमें पटवारी से लेकर वरिष्ठ अधिकारी तक शामिल थे।

विनीता ने उन पीड़ितों को खोजा जो जीवित होते हुए भी काग़ज़ों पर 'मर चुके' थे—उन्होंने अपनी आपबीती कैमरे के सामने साझा की। इस रिपोर्ट के बाद प्रशासन को यह स्वीकार करना पड़ा कि यह एक बड़ा घोटाला है। कई अधिकारियों पर जाँच बैठी और कुछ को निलम्बित भी किया गया।

यह रिपोर्ट सिर्फ़ एक प्रशासनिक भ्रष्टाचार नहीं थी—यह उन लोगों की लड़ाई थी जो अपना अस्तित्व साबित करने के लिए न्याय की भीख माँग रहे थे।

4. नन्दा देवी—परमाणु उपकरण की गुमशुदगी और गंगा में रेडिएशन का ख़तरा

विनीता यादव की यह रिपोर्ट उन दुर्लभ पत्रकारिता प्रयासों में से एक है, जो देश की पर्यावरणीय और जैविक सुरक्षा से सीधे जुड़ी हुई है। उन्होंने अपने विशेष स्टिंग और खोजी रिपोर्ट में एक ऐसा विषय उजागर किया, जिसे दशकों से दबाया जाता रहा—नन्दा देवी पर्वत पर गुम हुआ एक परमाणु उपकरण और उससे सम्भावित रेडिएशन का ख़तरा।

इस रिपोर्ट की शुरुआत हुई एक पुराने अमेरिकी-भारतीय गुप्त अभियान के दस्तावेज़ों से, जिसमें बताया गया था कि 1965 में नन्दा देवी पर एक परमाणु ट्रैकिंग डिवाइस लगाया गया था, जो चीन की निगरानी के उद्देश्य से था। लेकिन वह उपकरण बर्फ़ीले तूफ़ान के दौरान वहीं खो गया। यह डिवाइस प्लूटोनियम-238 पर

आधारित था–जो अत्यधिक रेडियोधर्मी होता है और उसकी आधी-आयु 88 साल से अधिक होती है।

विनीता यादव ने इस विषय पर न सिर्फ़ ऐतिहासिक दस्तावेज़ों और पुरानी खुफ़िया रिपोर्ट्स की समीक्षा की, बल्कि इस संवेदनशील विषय पर पूर्व रॉ अधिकारी आर.के. यादव से भी सहयोग लिया।

इस रिपोर्ट में बताया गया कि आज भी वह परमाणु डिवाइस बर्फ़ के नीचे कहीं दबा हुआ है–और उसकी वजह से नन्दा देवी से निकलने वाले जल स्रोतों, विशेष रूप से गंगा नदी, में रेडिएशन की सम्भावना बनी हुई है। इस ख़तरे को लेकर वैज्ञानिक समुदाय पहले भी शंका जता चुका है, लेकिन पहली बार इसे किसी पत्रकार ने प्रमाण सहित उजागर किया।

इस रिपोर्ट की गूँज इतनी व्यापक रही कि उत्तराखण्ड सरकार के एक वरिष्ठ मन्त्री ने प्रधानमन्त्री से व्यक्तिगत मुलाक़ात कर इस विषय पर चिन्ता जतायी और उचित जाँच व सर्वे की माँग की।

विनीता की इस रिपोर्ट को नकार पाना सरकार के लिए आसान नहीं था, क्योंकि उन्होंने :

- अमेरिकी वैज्ञानिक रिपोर्ट्स,
- भारतीय खुफ़िया अधिकारियों की फ़ाइलें,
- और पर्यावरण वैज्ञानिकों के इंटरव्यू के माध्यम से यह दर्शाया कि यह ख़तरा सिर्फ़ अतीत की कहानी नहीं, बल्कि वर्तमान और भविष्य की गम्भीर चिन्ता है।

यह रिपोर्ट न सिर्फ़ पत्रकारिता का उत्कृष्ट उदाहरण है, बल्कि जनहित में उठाया गया ऐसा क़दम है जो करोड़ों भारतीयों के स्वास्थ्य और पर्यावरणीय सुरक्षा से जुड़ा है।

5. दिल्ली की स्वास्थ्य सेवाओं में भ्रष्टाचार का भण्डाफोड़—जब पत्रकारिता बनी जाँच अधिकारी

विनीता यादव की पत्रकारिता का सबसे शक्तिशाली उदाहरण उस समय सामने आया जब उन्होंने दिल्ली सरकार के अस्पतालों में हो रही व्यवस्थागत अनियमितताओं, लापरवाहियों और बड़े स्तर पर चल रहे भ्रष्टाचार को उजागर किया। यह सिर्फ़ एक रिपोर्ट नहीं थी–यह जनता के स्वास्थ्य और जीवन से जुड़ी एक ऐसी हक़ीकत थी जिसे वर्षों से नज़रअन्दाज़ किया जा रहा था।

विनीता और उनकी टीम ने कैमरे के माध्यम से उन अस्पतालों की हक़ीक़त दिखायी जहाँ डॉक्टर मौजूद नहीं थे, दवाइयाँ ग़ायब थीं, और मरीज़ फ़र्श पर पड़े तड़पते रहे। अस्पतालों की आपूर्ति और बिलिंग में घोटाले, उपकरणों की ख़रीद में गड़बड़ियाँ और रोगियों की उपेक्षा–ये सभी तथ्य उनके स्टिंग ऑपरेशनों और ज़मीनी रिपोर्टिंग से सामने आये।

परिणाम : इस रिपोर्ट का इतना गहरा असर हुआ कि दिल्ली हाई कोर्ट ने स्वयं इस पर संज्ञान लिया। अदालत ने अपने आदेश में यह ऐतिहासिक टिप्पणी की– अदालत आदेश देती है कि इस रिपोर्ट के टेलीकास्ट के बाद अस्पतालों की बदहाल स्थिति पर देशभर में चर्चा तेज़ हो गयी। यह पहली बार नहीं था जब ऐसी सच्चाई आयी, लेकिन इस बार प्रभाव इतना गहरा था कि दिल्ली हाई कोर्ट ने स्वयं संज्ञान लिया। अदालत ने रिपोर्ट की सत्यता, साहस और इसके पीछे के सामाजिक उद्देश्य को स्वीकार करते हुए इस केवल पत्रकारिता नहीं, बल्कि जनहित का निर्णायक क़दम बताया। अदालत ने तुरन्त विशेष जाँच टीम गठित करने का आदेश दिया। और सबसे महत्वपूर्ण–इस स्टिंग के प्रसारण के बाद उन अस्पतालों में वे मशीनें भी पहुँच गयीं जो वर्षों से अनुपलब्ध थीं और करोड़ों मरीजों को जिनकी ज़रूरत थी।

यह शायद भारतीय पत्रकारिता के इतिहास में पहली बार हुआ जब किसी पत्रकार की रिपोर्टिंग को अदालत ने न केवल प्रामाणिक माना, बल्कि उन्हें औपचारिक रूप से जाँच अधिकारी के रूप में नियुक्त करने की अनुमति दी।

6. सरकारी स्कूल में सेक्स रैकेट का पर्दाफ़ाश

दिल्ली के एक सरकारी स्कूल में विनीता ने एक ऐसे सेक्स रैकेट का खुलासा किया जिसमें स्कूल के शिक्षक और प्रिंसिपल शामिल थे। एक नाबालिग पीड़िता ने ख़ुद विनीता से मिलकर अपनी आपबीती साझा की। रिपोर्ट के बाद सरकार ने स्कूल प्रशासन के ख़िलाफ़ सख़्त कार्रवाई की और पीड़िता के परीक्षा केन्द्र को बदल दिया, जिससे वह अपनी शिक्षा आगे बढ़ा सकी।

7. अदालत परिसर में चल रहे सेक्स रैकेट का स्टिंग

विनीता ने अदालत परिसरों में चल रहे सेक्स रैकेट पर भी स्टिंग ऑपरेशन किया, लेकिन यह स्टोरी इतनी संवेदनशील थी कि चैनल इसे प्रसारित नहीं कर सका। फिर

भी, विनीता ने इसे दस्तावेज़ों के रूप में सहेज कर रखा और इससे जुड़ी जानकारियाँ आज भी उनके निजी आर्काइव का हिस्सा हैं।

पत्रकारिता का दृष्टिकोण—'प्रसिद्धि नहीं, परिवर्तन चाहिए'

जब आज अधिकांश लोग कैमरे के सामने आकर 'सेलिब्रिटी पत्रकार' बनने की होड़ में लगे हैं, विनीता यादव अब भी ग्राउंड रिपोर्टिंग को ही पत्रकारिता का सबसे सच्चा रूप मानती हैं। उन्होंने कई बार ऐसे लोगों को कैमरे पर लाने में मदद की, जो कभी अपनी पीड़ा भी कहने की हिम्मत नहीं कर पाते थे।

उनके लिए पत्रकारिता सिर्फ़ एक पेशा नहीं, बल्कि सामाजिक परिवर्तन का औज़ार है। जहाँ लोग सुर्ख़ियाँ बटोरने की होड़ में हैं, वहीं विनीता उन कहानियों को सामने लाती हैं जो दबा दी जाती हैं, छिपा दी जाती हैं–लेकिन समाज के लिए सबसे ज़्यादा ज़रूरी होती हैं।

विनीता यादव—पत्रकारिता की परिभाषा बदलती एक आवाज़

आज जब पत्रकारिता के मायने बदलते जा रहे हैं, तब भी विनीता यादव अपने कार्यों से यह साबित कर रही हैं कि साहस, सत्य और प्रतिबद्धता अब भी पत्रकारिता के मूल स्तम्भ हैं। उन्होंने अब तक 66 से अधिक स्टिंग ऑपरेशंस किए हैं, और हर कहानी के पीछे एक गहराई, एक सामाजिक पीड़ा और एक बदलाव की पुकार है। उनकी पत्रकारिता ने न सिर्फ़ प्रशासन और अपराधियों की पोल खोली, बल्कि महिलाओं, बच्चों, और शोषित तबकों के अधिकारों को उजागर कर उन्हें नया जीवन भी दिया।

'वाइफ़ स्वॉपिंग' प्रतिक्रियाएँ

मैंने अपने पत्रकारिता जीवन में सैकड़ों रिपोर्टें पढ़ी हैं, हज़ारों कहानियाँ देखी हैं, और असंख्य 'सचों' को कैमरे की आँख से उजागर किया है। लेकिन विनीता यादव की किताब 'वाइफ़ स्वॉपिंग' पढ़ने के बाद जो बेचैनी मेरे भीतर उठी, वो किसी स्टिंग ऑपरेशन के बाद की सनसनी से भी गहरी थी। यह किताब सिर्फ़ एक रिपोर्ट नहीं है–यह हमारे समाज की सबसे छुपी, सबसे असहज परतों पर रखी गयी एक्स-रे प्लेट है।

विनीता ने जिस साहस के साथ इस विषय को उठाया है, वो अपने आप में एक पत्रकारिता की मिसाल है। आमतौर पर हम पत्रकारों को यह सिखाया जाता है कि "कहानी और समाज के बीच दूरी बनाये रखो।" लेकिन यह किताब उस दूरी को मिटा देती है। यहाँ पत्रकार कहानी का हिस्सा बनती है, और समाज का आईना भी। वह सिर्फ़ देखने नहीं गयीं, वह भीतर उतरीं–उस कीचड़ में, जहाँ इन्सानियत और रिश्तों की परिभाषाएँ गल चुकी हैं।

मैंने 'वाइफ़ स्वॉपिंग' को एक इन्वेस्टिगेटिव पत्रकार के नज़रिए से पढ़ा, और पाया कि इसमें हर अध्याय सिर्फ़ एक क़िस्सा नहीं, बल्कि एक समाजशास्त्रीय दस्तावेज़ है। यह किताब सिर्फ़ सेक्सुअलिटी या रिश्तों की बात नहीं करती, यह उस मानसिक ग़रीबी की बात करती है, जो हमारी आधुनिकता के मुखौटे के पीछे छिपी है। नोएडा की कॉफ़ी शॉप से लेकर छोटे शहरों की गलियों तक, विनीता ने हमें दिखाया है कि यह 'स्वॉपिंग' सिर्फ़ शरीरों की नहीं, बल्कि नैतिकताओं की भी अदला-बदली है।

विनीता के लेखन की सबसे बड़ी ताक़त यह है कि वो न तो जज करती हैं, न बचाती हैं। वो सिर्फ़ दिखाती हैं–और यही असली पत्रकारिता है। उन्होंने नारे नहीं

लगाये, उन्होंने सवाल खड़े किये। और सवाल इतने असहज हैं कि कई लोग इस किताब को बीच में छोड़ देना चाहेंगे। लेकिन एक खोजी पत्रकार के लिए, यही असहजता सबसे ज़रूरी होती है।

मैंने जब पहली बार 'वाइफ़ स्वॉपिंग' शब्द सुना था, तब वो पश्चिमी समाज के सन्दर्भ में था। लेकिन जब विनीता इसे भारतीय मध्यवर्ग के सन्दर्भ में लाती हैं, तो यह किसी न्यूज़रूम की हैडलाइन नहीं, बल्कि एक नैतिक भूकम्प बन जाता है। यहाँ पति अपनी पत्नी को दोस्त के साथ बाँट रहा है, पत्नी चुप है, बच्चे सो रहे हैं–और समाज, जो ख़ुद को सभ्य कहता है, वह इस सब पर चुप है। यह किताब उस मौन की पड़ताल करती है।

पत्रकारिता की दुनिया में हम अक्सर 'सिस्टम' की भ्रष्टता की बात करते हैं, लेकिन यह किताब दिखाती है कि भ्रष्टाचार सिर्फ़ मन्त्रालयों में नहीं, शयनकक्षों में भी पल रहा है। यह हमारे नैतिक डीएनए का स्टिंग ऑपरेशन है।

विनीता यादव की ताक़त इस बात में है कि उन्होंने इसे सनसनी नहीं बनने दिया। अगर यह कोई साधारण रिपोर्टर करता, तो यह विषय पेज-3 की गॉसिप बनकर रह जाता। लेकिन उन्होंने इसे समाज की सर्जरी बना दिया। उनके पास अनुभव है, 66 से ज़्यादा स्टिंग्स का इतिहास है, और शायद इसलिए उन्होंने इस विषय को मनोरंजन नहीं, मिशन की तरह लिया।

कई बार मैं सोचता हूँ–क्या पत्रकार को इतना भीतर जाना चाहिए? क्या हमें समाज की हर गली में कैमरा लेकर उतर जाना चाहिए? लेकिन फिर यही किताब जवाब देती है–"अगर तुम नहीं जाओगे, तो कौन जायेगा?" यही पत्रकारिता का धर्म है। विनीता ने उस धर्म का पालन किया, और इसीलिए 'वाइफ़ स्वॉपिंग' सिर्फ़ एक किताब नहीं, एक दस्तावेज़ बन गयी है।

किताब की भाषा सीधी है, लेकिन उसका असर भीतर तक उतर जाता है। उसमें कोई दिखावटी नारीवाद नहीं है, बल्कि एक बेहद प्रामाणिक स्त्री-दृष्टि है। उन्होंने यह नहीं कहा कि पुरुष ही दोषी हैं; उन्होंने दिखाया कि समाज कैसे दोनों को–पुरुष और महिला–एक ऐसे तन्त्र में बाँध देता है, जहाँ स्वॉपिंग 'खेल' बन जाती है, और नैतिकता 'बोझ'।

एक बात मुझे बेहद मार्मिक लगी–विनीता का आत्मसंघर्ष। वो रिपोर्टर हैं, पर साथ ही एक संवेदनशील स्त्री भी। जब वो उन औरतों से मिलती हैं जो पति के कहने पर 'स्वॉपिंग' में शामिल होती हैं, तो उनके शब्दों में करुणा है, लेकिन साथ

ही ग़ुस्सा भी। यह सन्तुलन आसान नहीं होता। अधिकतर पत्रकार या तो दया दिखाते हैं, या नफ़रत; विनीता ने दोनों को साधा है।

मेरे लिए यह किताब एक रिमाइंडर है कि खोजी पत्रकारिता सिर्फ़ घोटालों के लिए नहीं होती। कभी-कभी हमें समाज की आत्मा की जाँच करनी होती है। यह किताब वही करती है–समाज क़ी आत्मा को एक्सपोज़ करती है। और जब आत्मा गन्दी निकलती है, तो हमें सिर्फ़ कैमरा नहीं, आईना भी पकड़ना पड़ता है।

मैंने जब 'नंगेली की कहानी' वाला अध्याय पढ़ा, तो मुझे लगा कि विनीता ने सिर्फ़ शरीर नहीं, इतिहास की परतों को भी खोला है। नंगेली का प्रतिरोध–अपने स्तनों को काट देना–यह सिर्फ़ एक प्रतीक नहीं, यह भारतीय स्त्री की मौन चीख़ है जो सदियों से सुनाई नहीं दी। यह किताब उस चीख़ को आवाज़ देती है।

और फिर जब वो नोएडा की कॉफ़ी शॉप से लेकर छोटे क़स्बों की महिलाओं की कहानियाँ जोड़ती हैं, तो समझ आता है कि यह 'वाइफ़ स्वॉपिंग' सिर्फ़ एक ट्रेंड नहीं, बल्कि हमारे समाज की टूटन का लक्षण है। जहाँ औरत अब भी देह है, जहाँ पति अब भी मालिक है, और जहाँ सभ्यता अब भी नकाब है।

विनीता ने इस किताब के ज़रिये हमें यह एहसास कराया है कि "भारत की महिलाएँ सिर्फ़ पीड़ित नहीं हैं, बल्कि गवाह भी हैं"–गवाह इस समाज की पाखण्ड भरी नैतिकता की।

पत्रकारिता का काम है–"सत्ता से सवाल और समाज से संवाद।" इस किताब में दोनों हैं। वो सत्ता को नहीं, समाज को कठघरे में खड़ा करती हैं। और समाज के इस मुक़दमे में, हर पाठक ज्यूरी बन जाता है।

मुझे याद आता है–जब मैंने 2001 में 'तेहलका' के स्टिंग्स किये थे, तब हमने भी यही सोचा था कि समाज को सिर्फ़ देखना नहीं, दिखाना भी ज़रूरी है। विनीता उसी परम्परा की प्रतिनिधि हैं। लेकिन उनका क्षेत्र अलग है–वो सत्ता की नहीं, अन्तरात्मा की पड़ताल करती हैं।

अन्त में मैं यही कहना चाहूँगा–'वाइफ़ स्वॉपिंग' जैसी किताबें हमें असहज करती हैं, झकझोरती हैं, लेकिन इन्हीं से समाज में ईमानदारी की उम्मीद बची रहती है। जो पत्रकार अपने समय की चुप्पियों को तोड़ने की हिम्मत रखता है, वही असल में इतिहास लिखता है।

विनीता यादव ने यह किताब नहीं लिखी, उन्होंने हमारे समाज का सबसे डरावना आईना हमारे सामने रख दिया है। और अगर हम उस आईने में ख़ुद को

पहचानने की हिम्मत रखते हैं–तभी हम कह सकते हैं कि हम एक जागरूक समाज में जी रहे हैं।

पत्रकारिता को सलाम, और उस पत्रकार को भी जिसने अपनी क़लम को तलवार बना दिया।

—अनिरुद्ध बहल

अनिरुद्ध बहल भारत के जाने-माने खोजी पत्रकार हैं।
वे Cobrapost के संस्थापक (Founder) और एडिटर-इन-चीफ़ (Editor-in-Chief) है। Cobrapost अपने स्टिंग ऑपरेशन्स, खुलासों और इन्वेस्टिगेटिव रिपोर्टिंग के लिए जाना जाता है।

न्यूज़रूम में सबको लग रहा था कि कोई बड़ी कहानी बन रही है, लेकिन कोई खुलकर कुछ नहीं कह रहा था। अलग जगह पर शूटिंग-एडिटिंग हुई और दस महीने तक चुपचाप इस कहानी पर काम चलता रहा।

आख़िर में यह सिर्फ़ ख़बर नहीं रही, बल्कि न्यूज़रूम की एक यादगार और रहस्यमयी कहानी बन गयी। उन्हीं न्यूज़रूम के साथियों की जुबानी कहानी पढ़िए।

'वाइफ़ स्वॉपिंग' को दिखाने के लिए स्टिंग करने का आइडिया तो विनीता यादव का था ही पर उस स्टोरी को कवर करने के लिए जो मैच्योरिटी और सिंसियेरिटी की ज़रूरत थी वो पूरे चैनल में सिर्फ़ विनीता के पास ही थी। हर स्टिंग ऑपरेशन की तरह वाइफ़ स्वॉपिंग के स्टिंग में भी पकड़े जाने का ख़तरा तो होता ही था पर हमें उन कपल्स के साथ जो बातें करनी पड़ती थीं, वो पार्ट सबसे ज़्यादा टफ़ होता था। एक बार तो मैं इतना परेशान हो गया कि मैंने सोच लिया अब मैं ये स्टोरी शूट नहीं करूँगा। विनीता से कह भी दिया था कि अब मैं ये शूट नहीं कर सकता। मेरा पेशेंस ख़त्म हो गया है, लेकिन विनीता तो विनीता है, उसने मुझे जाने नहीं दिया, तमाम तरह का ज्ञान देकर मुझे रोक लिया, क्योंकि मुझे जिन वजहों से इस स्टोरी को शूट करने में दिक़्क़त हो रही थी, मेरे उसी 'नेचर' की वजह से विनीता मुझे स्टोरी में रखना चाहती थी। हुआ भी यही, मैं उसकी स्टोरी में शुरू से आख़िर तक रहा।

'वाइफ़ स्वॉपिंग' की स्टोरी लगभग एक साल से ज़्यादा शूट हुई थी। विनीता के साथ स्टोरी पर शूट करने जाने वाला पहला शख़्स मैं ही था। इस प्लेनेट पर वाइफ़ स्वॉपिंग भी होती है ये उस समय मुझे पहली बार पता चला था। जब हम स्टोरी कर रहे थे तो यही लगता था कि कुछ नया कर रहे हैं। पर सच बताऊँ, मुझे ज़्यादा मज़ा इस बात में आ रहा था कि ऑफ़िस नहीं जाना पड़ता था। इन और आउट से मुक्ति मिल गयी थी। हम उन कपल्स से मिलने कैफे-रेस्टोरेंट में जाते थे, खाते-पीते थे, ये वाला पार्ट भी मुझे अच्छा लगता था पर ऑफ़िस में मेरे दुश्मन बनने लगे थे।

स्टोरी को लेकर इतनी सीक्रेसी थी कि मेरे डिपार्टमेंट हेड तक को नहीं पता था कि मैं क्या स्टोरी शूट कर रहा हूँ, एक बार तो उन्होंने मुझे इस स्टोरी पर भेजने से मना कर दिया तो एडिटोरियल हेड से कहलवाया गया कि निखिल ही चाहिए तो उन्हें मुझे भेजना पड़ा इसलिए वो मुझसे थोड़ा नाराज़ भी रहते थे।

जब हम किसी कपल्स से मिलते थे तो विनीता को ही सारी बातचीत करनी होती थी। मैं तो बस उन लोगों को ऑब्ज़र्व करता था कि कैसे कोई पति-पत्नी ऐसा कर सकते हैं। हाँ, रिकॉर्डिंग ठीक से हो रही है, हिडन कैमरे का एंगिल सही है ये ध्यान रखना मेरा काम था ही। जिनसे हम मिलते थे वो कपल बिल्कुल नॉर्मल होते थे, भले-शरीफ़ लोग। बाल-बच्चों वाले मिडिल क्लास लोग। समझ नहीं आता था कि इनकी ज़िन्दगी में आख़िर ऐसी कौन-सी कमी है, क्या अलग है जो ये वाइफ़ स्वॉपिंग कर रहे हैं।

एक बार उनमें से एक लेडी ने मुझे बताया कि शुरू में उसके हसबैंड ने उसे ये सब करने के लिए मजबूर किया फिर बाद में उसे भी नये लोगों के साथ सेक्स करना अच्छा लगने लगा और अब वो भी किसी नये कपल से मिलने में अपने हसबैंड के बराबर ही एक्साइटेड होती है। एक कपल ने हमें बताया कि वो वाइफ़ स्वॉपिंग इसलिए करते हैं ताकि उन्हें हाई सोसाइटी में जगह मिल सके लेकिन कभी-कभी इन लोगों की बातें-हरकतें बहुत ओवर हो जाती थीं, मेरे लिए, विनीता के लिए भी। पर विनीता समझदार थी, उसे पता था कि हैंडिल कैसे करना है, मेरा emotional outburst हो जाता था। स्टिंग के वक़्त मेरी उम्र 25 साल के आसपास थी। उनमें से कुछ कपल तो ऐसे निकले जो पहली मीटिंग में तुरन्त अपना 'मक़सद' पूरा करने की डिज़ायर रखते थे और चाहते थे कि हम जैसा यानी दूसरा कपल जिस 'मक़सद' के लिए उनसे मिले हैं वो 'काम' पहली मीटिंग में पूरा कर लें। हालाँकि विनीता बहुत स्मार्टनैस के साथ ऐसे लोगों को टेकिल कर लेती थी लेकिन मैं सच कहूँ, मेरी हालत ख़राब हो जाती थी। लगता था कि मैं कहाँ नर्क में आ गया हूँ, क्यों कर रहा हूँ ये सब, क्या मिलेगा इससे।

एक बार एक शूट में मुझे वॉशरूम जाना था, मैंने उस कपल से पूछा कि वॉशरूम कहाँ हैं, वो लेडी मुझे अपने घर में वॉशरूम दिखाने आयी और पूछने लगी कि क्या मैं भी आपके साथ अन्दर आ आऊँ। मुझे काटो तो ख़ून नहीं। मेरी गर्लफ्रेंड, जो अब मेरी वाइफ़ है उसे भी पता था कि मैं क्या स्टोरी कर रहा हूँ। उसे भी मेरा ये स्टोरी करना पसन्द नहीं था और कहती थी कि छोड़ दे।

लेकिन विनीता को कोई चीज़ स्टोरी से डिगा नहीं सकती थी। विनीता का स्टोरी को लेकर एक सिंगल ट्रैक था कि ये स्टोरी हम कर रहे हैं, हमें पूरी करनी है, बिना किसी गड़बड़ी के, सबकी सेफ्टी का ध्यान रखते हुए शूट करना है और स्टोरी को ऑन एयर जाना है।

मुझे भी पता था कि ये स्टोरी विनीता कर रही है इसलिए मैं भी सेफ हूँ, ये मेरे साथ कोई गड़बड़ नहीं होने देगी। जैसा मैंने पहले कहा कि इस स्टोरी के लिए जो सिंसियेरिटी, क्लेरिटी और सेंसिटिविटी चाहिए थी, वो सिर्फ़ विनीता के ही पास थी। मैं सच बताऊँ, तो अगर इस स्टोरी को शूट करना मेरे लिए किसी 'युद्ध' जैसा था तो विनीता की समझदारी, मेरा 'कवच' हुआ करती थी। स्टोरी शुरू तो हमने दिल्ली और आसपास के इलाक़ों से की थी पर जैसे-जैसे चीज़ें हमारे सामने अनफोल्ड हो रही थीं उससे ऑफ़िस के बॉसेस भी हैरान थे।

कवरेज में जिस तरह का कंटेंट सामने आ रहा था उसके बाद फ़ैसला हुआ कि स्टोरी को पैन इंडिया किया जायेगा। क्या भारत के दूसरे इलाक़ों में भी वाइफ़ स्वॉपिंग का चलन है, ये भी स्टोरी में कवर किया जायेगा। अब हमारी स्टोरी बहुत फैल गयी थी, ऑफ़िस से कवर करने के लिए और रिपोर्टर-कैमरामैन, कुछ प्रोड्यूसर भी मैदान में कूद गये थे। वो लोग बहुत एक्साइटेड थे। क्योंकि इस स्टोरी को लेकर एक मिस्ट्री क्रिएट हो गयी थी। एंटरटेनमेंट के साथी भी स्टोरी की कवरेज में जाने लगे। लीडर अभी भी विनीता ही थी, पर अब वो पहले की तरह हर शूट पर मौजूद नहीं थी। इसलिए ऐसे वाक़ये भी हुए जिनसे शूट में डिग्निटी मेंटेन नहीं हो पायी। जैसे मैंने कहा कि सामने वाला कुछ भी सोच रहा हो विनीता यादव को सिर्फ़ अपने कैमरे में क्या रिकॉर्डिंग हो रही है और वो उनसे ऑन कैमरा क्या बुलवा पा रही है इससे मतलब होता था। मैं और विनीता काजल की कोठरी में जाकर भी बिल्कुल उजले बाहर निकलते थे।

(एक शूट में हमारे एक पुरुष सहकर्मी ने ऐसे ही एक कपल (पत्नी) के साथ एक ऐसी घटिया, शर्मनाक हरकत की कि हमारे साथ गयी महिला रिपोर्टर के साथ बद्तमीजी करने की उसके पति को वजह मिल गयी।)

आख़िर तक आते-आते न्यूज़चैनल में सबको मालूम चल गया था कि स्टोरी है क्या। लेकिन मज़े की बात है कि खुलकर इसका ज़िक्र नहीं होता था लेकिन ख़बर गार्ड तक को थी...औऱ भी बहुत तरह की बातें न्यूज़रूम में इस स्टोरी को लेकर फैल रही थीं...जलने वाले भी बहुत थे। उनको लगता था कि स्टोरी के दौरान बहुत

ऐश हुई है, अच्छे होटलों में रुके हैं, बढ़िया जगह घूमे हैं...पर मेरे लिए शूट बाद में एक टॉर्चर जैसा हो चुका था।

मैंने इस स्टिंग ऑपरेशन के ऑन एयर होने से पहले ही चैनल छोड़ दिया बल्कि टीवी न्यूज़ की लाइन ही छोड़ दी थी। वजह ये स्टिंग ऑपरेशन नहीं था, मैं न्यूज़ की भागदौड़ और 24 घण्टे के तनाव से ही तंग आ चुका था। अब 23-24 साल हो चुके हैं, बहुत सारी चीज़ें तो याद भी नहीं हैं।

अब मैं कई साल पहले भारत छोड़कर विदेश बस चुका हूँ। मेरा नज़रिया चीज़ों को देखने का पहले से अलग हुआ है। उम्र कह लीजिए या नये कल्चर, नये लोगों से मिलने, उनके नज़रिए को समझने का प्रभाव, मैं ख़ुद से अब सवाल करता हूँ कि आख़िर वो स्टोरी हमने क्यों की। वो कपल्स जो भी थे, जैसे भी थे, किसी को नुक़सान नहीं पहुँचा रहे थे, किसी का फ़ायदा नहीं उठा रहे, किसी को बेवकूफ़ नहीं बना रहे थे, किसी के साथ ठगी नहीं कर रहे थे वो जो भी कर रहे थे सहमति से कर रहे थे। कोई ज़ोर-ज़बर्दस्ती तो थी नहीं। ग़लत तो रेप होता है, स्टॉकिंग ग़लत है, रिलेशनशिप में आने के लिए झूठ-फ़रेब ये सब ग़लत है। हम क्यों उनकी पर्सनल लाइफ़ में घुसने की कोशिश कर रहे थे। ख़ैर, मैं इतना कह सकता हूँ कि हमने इस स्टोरी को जितनी ईमानदारी के साथ कवर किया जा सकता था, किया...शायद बदलते समाज की तस्वीर दिखाना भी मीडिया की ज़िम्मेदारियों में आता है। शायद हम उस वक़्त वही करने की कोशिश कर रहे थे। अगर उनमें से कोई कपल इस किताब को पढ़ रहा है तो मैं उनसे यही कहना चाहता हूँ कि मैं उस वक़्त आपको जज करता था और अब मैं ख़ुद को जज करता हूँ, आपको जज करने के लिए।

—निखिल सचदेवा

अब ऑस्ट्रेलिया में रहते हैं

X X X

जब विनीता यादव ने 'वाइफ़ स्वॉपिंग' की स्टोरी शुरू की तो मेरी पोस्टिंग देहरादून ब्यूरो में थी। शायद साल 2006 की बात है...वहीं सुनने में आया कि विनीता यादव कोई ऐसी स्टोरी शूट कर रही है जिससे पूरा देश हिल जायेगा...बहुत बड़े स्केल पर स्टिंग ऑपरेशन किया जा रहा है। लेकिन किस पर स्टिंग हो रहा है, स्टोरी क्या है ये पता नहीं चला था, पर इसकी चर्चा बहुत होती थी। मेरे ख़याल से ये चैनल की सबसे बड़ी स्टोरी थी, जिसके बारे में शुरुआत में डीटेल किसी के पास नहीं था, लेकिन इतना पता था कि कुछ बड़ा 'धमाका' होने वाला है। देहरादून में तो मुझे

पता नहीं चला पर जब मैं ट्रांसफर होकर नोएडा आयी तब पता चला कि स्टोरी वाइफ़ स्वॉपिंग पर है।

नोएडा आकर ही मुझे पता चला कि उस दौर में स्टार न्यूज़ के जो दो-तीन बड़े धमाकेदार स्टिंग हुए थे उनके पीछे ये लड़की है, तो विनीता के लिए रेसपेक्ट बढ़ गयी, लगा कि अगर यही लड़की वाइफ़ स्वॉपिंग की स्टोरी कर रही है तो ज़रूर उसमें दम होगा। नोएडा के न्यूज़रूम में मैं पहली बार विनीता यादव से मिली। लेकिन विनीता के अन्दर कोई अहंकार या दिखावा नहीं था, बिल्कुल एक आम लड़की, कोई हवाबाज़ी नहीं, सिम्पल-खुशमिज़ाज, हाँ काम के लिए पैशनेट।

विनीता की सिंसियेरिटी को लेकर किसी को कोई शक नहीं था...पर शूट में बाद में जो लोग शामिल हुए थे उन्हें लेकर न्यूज़रूम में ख़ूब गॉसिप होती थी। ये भी सुनने में आया कि इन लोगों के लिए कम्पनी ने मयूर विहार में फ़्लैट लिया हुआ है। पता नहीं क्या सच था, क्या झूठ था। पर एक बात माननी पड़ेगी पूरे करियर में किसी स्टोरी को लेकर न्यूज़रूम में ऐसा क्रेज कभी नहीं देखा था।

—पारुल बुधकर

वरिष्ठ पत्रकार

X X X

पत्रकारिता से अब स्टिंग ऑपरेशन लगभग ख़त्म हो चुके हैं। पर एक दौर था जब टीवी चैनलों पर हर हफ़्ते 'सिस्टम हिलाने' के मक़सद से स्टिंग ऑपरेशन किये जाते थे और विनीता यादव को लोग 'स्टिंग क्वीन' कहते थे। स्टिंग ऑपरेशन के मक़सद पर कोई उँगली न उठा सके, उसके लिए काम के प्रति कमिटमेंट और अर्जुन की तरह अपने लक्ष्य पर निगाह, विनीता को दूसरे रिपोर्टर्स से अलग बनाती थी। आम रिपोर्टर चाहता है कि वो टीवी पर ख़ूब ज़्यादा से ज़्यादा नज़र आये, उसकी पहचान और नाम बने, पर विनीता बहुत आनाकानी के बाद ही पीटूसी (स्टोरी के दौरान रिपोर्टर की कैमरे पर अपीयरेंस) करती थी क्योंकि वो नहीं चाहती थी कि उसकी बतौर रिपोर्टर पहचान उजागर हो, लोग उसे पहचानेंगे तो अगली स्टोरीज में स्टिंग करने में दिक़्क़त हो सकती है। ख़ैर ये अलग बात है कि बाद में जब विनीता यादव ने पॉलिटिकल रिपोर्टिंग की तो उसमें भी ख़ूब नाम कमाया और आज अपना सक्सेसफुल मीडिया वेंचर चला रही है।

बहुत से पत्रकारों ने किताब लिखी हैं पर एक स्टोरी को लेकर पूरी किताब बहुत कम लोगों ने लिखी होगी। मुझे बहुत ख़ुशी है कि विनीता यादव के पास अपने

करियर में एक ऐसी स्टोरी है जिस पर अकेले एक किताब लिखी जा सकती है। अगर ये किताब सही हाथों में पहुँची तो इससे फ़िल्म, ओटीटी वाला कटेंट भी मिल सकता है। किताब के लिए विनीता यादव को बहुत सारी शुभकामनाएँ।

—स्वप्निल सारस्वत
वरिष्ठ पत्रकार

X X X

न्यूज़रूम में रोज़ाना कई ख़बरें बनती हैं, लेकिन कुछ ऐसी होती हैं जो हमेशा के लिए पत्रकार की पहचान बन जाती हैं। विनीता यादव की 'वाइफ़ स्वैपिंग' ऐसी ही कहानी थी।

सन् 2006 की एक दोपहर विनीता मेरे केबिन में आयीं और बोलीं, "मुझे एक स्टोरी करनी है, लेकिन इसमें रिस्क है।" मैंने पूछा, "कितना?" वह बोलीं, "इतना कि लोग मुझ पर यक़ीन न करें।" कुछ महीनों बाद जब यह रिपोर्ट तैयार हुई, तो समझ आया कि विनीता सिर्फ़ रिपोटर्र नहीं, समाज की परतों को चीरने वाली पत्रकार हैं।

विनीता ने बताया कि नोएडा और दिल्ली के आसपास कुछ जोड़े 'स्वैपिंग क्लब्स' के ज़रिये पाटर्नर बदलते हैं। यह कहानी समाज के नैतिक ढाँचे पर सीधा सवाल उठाती थी। चैनल हेड के तौर पर मैंने कहा, "कहानी ऐसी बनाओ जो समाज को हिला दे–लेकिन सनसनी नहीं, सबूत चाहिए।" यह वाक्य शायद विनीता के भीतर की आग को और भड़का गया।

कुछ दिन बाद उनका फ़ोन आया–"एक कपल मिलने को तैयार है।" हम नोएडा के एक रेस्टोरेंट पहुँचे। सामने बैठे दो लोग आम, सुसंस्कृत दिख रहे थे; किसी को अन्दाज़ा नहीं था कि उनकी ज़िन्दगी एक क्लब के इर्द-गिर्द घूमती है। विनीता के पर्स में छिपे कैमरे का लेंस ज़िप से झाँक रहा था। बातचीत के दौरान वह कपल खुलकर बोला, "हम यह सब छिपकर नहीं करते। हमारे जैसे और भी हैं–सब पढ़े-लिखे।"

रेस्टोरेंट से लौटते हुए विनीता ने कहा, "मुझे सुनते हुए डर लगा था, लेकिन सच इस डर से बड़ा है।" यह एक पंक्ति पत्रकारिता की आत्मा को परिभाषित करती

है। जब रिपोर्ट तैयार हुई तो न्यूज़रूम में सन्नाटा था। किसी ने ताली नहीं बजायी, किसी ने वाह नहीं कहा। एक प्रोड्यूसर ने पूछा–"क्या इसे दिखा सकते हैं?" मैंने कहा, "अगर इसे नहीं दिखाया, तो हम पत्रकार नहीं।" जब यह रिपोर्ट प्रसारित हुई, मैं चैनल छोड़ चुका था, लेकिन विनीता ने बताया कि दर्शकों की प्रतिक्रियाएँ इतनी थीं जितनी किसी बड़ी ख़बर पर भी नहीं आतीं। कुछ ने इसे अश्लील कहा, कुछ ने साहसिक–पर किसी ने इसे नज़रअन्दाज़ नहीं किया।

मेरे लिए यह रिपोर्ट एक 'मॉरल शॉक' थी, जिसने समाज को सोचने पर मजबूर किया। विनीता ने जिस ईमानदारी और संवेदनशीलता से इसे रिपोर्ट किया, उसने मुझे भी पत्रकारिता का सबक दिया। मैंने सीखा कि कभी-कभी सम्पादक को रिपोर्टर के साथ मैदान में उतरना पड़ता है ताकि उसे यह महसूस हो कि वह अकेली नहीं है।

किताब में विनीता लिखती हैं, "शरीर सिर्फ़ शरीर नहीं, यह समाज की चुप्पी का प्रतीक है।" पत्रकारिता वही है जो दिखती चीज़ों के पार जाकर अदृश्य को पकड़ ले। पहले मुझे लगता था कैमरे से बड़ा कोई सच नहीं होता, पर इस स्टोरी ने सिखाया कि असली सच तो पकड़ने वाली नज़र दिखाती है–और विनीता की नज़र ने वही देखा जो किसी ने पहले नहीं देखा था। एक दिन लौटते समय विनीता ने पूछा, "क्या आपको लगता है लोग इस स्टोरी को समझेंगे?" मैंने कहा, "शायद नहीं, पर याद रखो–इतिहास वही लिखते हैं जो हिम्मत करते हैं।"

अपने चालीस साल के पत्रकारिता जीवन में मैंने अनेक स्कैंडल और एक्सक्लूसिव देखे हैं, लेकिन 'वाइफ़ स्वैपिंग' ने मुझे सिखाया कि पत्रकारिता तब तक ज़िन्दा है जब तक उसमें सवाल हैं और सवाल तब तक ज़िन्दा हैं जब तक विनीता जैसे पत्रकार हैं जो उन्हें पूछने की हिम्मत रखते हैं।

अब जब विनीता एक लेखिका के रूप में खड़ी हैं, और यह किताब लोगों को असहज कर रही है, तो मुझे तसल्ली है क्योंकि असहजता ही बदलाव का पहला क़दम होती है। अगर कोई किताब लोगों को बेचैन कर दे, तो समझिए उसने सच बोल दिया है और सच कभी आरामदेह नहीं होता।

—अजित साही

पूर्व कार्यकारी सम्पादक

चैनल 7

❑❑

विनीता यादव : पत्रकारिता की मिसाल

विनीता यादव, भारतीय पत्रकारिता की एक ऐसी हस्ती हैं, जिन्होंने अपने कॅरियर में 66 से अधिक स्टिंग ऑपरेशंस और हज़ारों जाँच रिपोर्ट्स के माध्यम से समाज के सबसे जटिल और संवेदनशील मुद्दों को सामने लायी हैं। उनकी पत्रकारिता ने न केवल सरकार और प्रशासन के ढाँचों को चुनौती दी है, बल्कि समाज में व्याप्त भ्रष्टाचार, अनियमितताओं और शोषण की कई परतों को भी उजागर किया है।

कॅरियर की शुरुआत

विनीता यादव ने अपनी पत्रकारिता यात्रा की शुरुआत वर्ष 2000 में की थी। उन्होंने दूरदर्शन में एंकर के रूप में अपने कॅरियर की शुरुआत की, जहाँ उन्होंने देश के विभिन्न मुद्दों पर रिपोर्टिंग की। इसके बाद उन्होंने बैग फ़िल्म्स के साथ काम किया और स्टार न्यूज़ के लिए 'संसानी', 'रेड अलर्ट' और 'पोल खोल' जैसे प्रसिद्ध कार्यक्रम लॉन्च किये, जो उनकी मेहनत और प्रतिबद्धता की पहचान बन गये।

ख़ास रिपोर्ट्स और स्टिंग ऑपरेशंस

1. ऑपरेशन कश्मीर : विनीता ने जम्मू और कश्मीर में आतंकवादी गतिविधियों पर एक विस्तृत स्टिंग ऑपरेशन किया, जिसमें आतंकी नेटवर्क और उनके वित्तीय स्रोतों का पर्दाफ़ाश हुआ। यह स्टोरी बेहद महत्त्वपूर्ण रही, क्योंकि इससे सुरक्षा एजेंसियों को नयी जानकारियाँ प्राप्त हुईं।

2. वेश्यावृत्ति रैकेट का पर्दाफ़ाश : उन्होंने भारत के विभिन्न हिस्सों में चल रहे वेश्यावृत्ति रैकेट का खुलासा किया और कई पुलिस अधिकारियों के ख़िलाफ़ कार्रवाई की। यह रिपोर्ट महिलाओं की स्थिति पर गहराई से विचार करने का एक मज़बूत उदाहरण बनी।

3. उत्तर प्रदेश : मृतकों का जीवित होना : उत्तर प्रदेश में एक बड़े घोटाले का खुलासा करते हुए, उन्होंने सरकारी रिकॉर्ड्स में मृतकों को जीवित दर्शाने का मुद्दा उठाया। उनकी रिपोर्ट ने इस घोटाले की गहरी जाँच को प्रेरित किया और कई प्रशासनिक अधिकारियों को ज़िम्मेदार ठहराया गया।

4. नन्दा देवी पर परमाणु उपकरण का खोना : विनीता नन्दा देवी से जुड़े एक परमाणु उपकरण के खोने का मामला सामने लायीं, जिससे सरकार द्वारा दी गयी ख़ुफ़िया जानकारी का भी खुलासा हुआ। यह रिपोर्ट एक बड़ी घटना को उजागर करने में सफल रही।

5. दिल्ली के स्वास्थ्य सेवा घोटाले का पर्दाफ़ाश : उन्होंने दिल्ली सरकार के अस्पतालों में हो रही अनियमितताओं और भ्रष्टाचार की जाँच की। उनकी रिपोर्ट के कारण दिल्ली हाई कोर्ट ने एक टीम का गठन किया, जो अब अस्पतालों की निगरानी कर रही है।

6. विनीता का योगदान और दृष्टिकोण : विनीता यादव मानती हैं कि पत्रकारिता केवल सच को सामने लाने का काम नहीं करती, बल्कि यह समाज में बदलाव लाने का एक शक्तिशाली साधन भी है। उनके कार्य समाज के गहरे और उपेक्षित मुद्दों को उजागर करते हैं, जिससे लोग जागरूक होते हैं।

विनीता ने न केवल अपनी रिपोर्टों के माध्यम से, बल्कि अपनी निडरता और सच के प्रति प्रतिबद्धता के कारण पत्रकारिता के उच्च मानक स्थापित किये हैं। उनके स्टिंग ऑपरेशंस और रिपोर्ट्स ने न केवल भारतीय मीडिया को नयी दिशा दी है, बल्कि सामाजिक और क़ानूनी सुधारों को भी गति दी है।

एक प्रेरणास्रोत

विनीता यादव की यात्रा उनकी सच्ची प्रतिबद्धता का प्रमाण है। उनके कार्यों ने उन्हें न केवल एक सशक्त पत्रकार, बल्कि समाज के सच्चे रक्षक के रूप में स्थापित किया है। उनकी रिपोर्टिंग और स्टिंग ऑपरेशंस भारतीय पत्रकारिता की एक नयी परिभाषा गढ़ रहे हैं और आने वाली पीढ़ियों के लिए प्रेरणा का स्रोत बन चुके हैं।

पत्रकारिता के क्षेत्र में विनीता यादव का योगदान बेहद ख़ास और प्रेरणादायक है। सत्य और न्याय के प्रति उनकी निष्ठा हर किसी के लिए मिसाल है। पिछले 23 वर्षों से उनके काम ने यह दिखाया है कि उनकी पत्रकारिता सिर्फ़ ख़बरें देने तक

सीमित नहीं है, बल्कि वे समाज के उन अनदेखे और दबे हुए पहलुओं को उजागर करने में जुटी रही हैं, जिन्हें अक्सर नज़रअन्दाज़ कर दिया जाता है।

विनीता यादव अपने कार्यों के ज़रिये न सिर्फ़ भारतीय समाज की कड़वी सच्चाइयों को सामने लायीं, बल्कि कई बार ऐसी घटनाओं का पर्दाफ़ाश किया, जो समाज के लिए आँखें खोलने वाली थीं। अपने लम्बे कॅरियर में उन्होंने 66 से अधिक स्टिंग ऑपरेशंस किये और कई महत्त्वपूर्ण ख़बरें जनता तक पहुँचायीं, जिनसे छुपे हुए सच सामने आये। उनके इन प्रयासों ने न सिर्फ़ अपराधियों को बेनकाब किया, बल्कि महिलाओं और बच्चों के अधिकारों की रक्षा में भी बड़ी भूमिका निभायी।

उनकी पत्रकारिता का उद्देश्य केवल ख़बरों की सतह पर रहना नहीं था, बल्कि भ्रष्टाचार, अपराध, शोषण और असमानता जैसे गहरे सामाजिक मुद्दों को उठाना था। उन्होंने उन विषयों पर भी प्रकाश डाला, जिन पर समाज ने चुप्पी साध रखी थी, जैसे ग़रीबों का शोषण, पुलिस की मिलीभगत और सामाजिक असमानताएँ। विनीता यादव का मानना था कि पत्रकारिता केवल समाचार देने का माध्यम नहीं है, बल्कि यह समाज में बदलाव लाने की एक ज़िम्मेदारी है। उन्होंने न केवल घटनाओं की रिपोर्टिंग की, बल्कि लोगों को जागरूक किया और बदलाव की ओर क़दम बढ़ाने में अहम भूमिका निभायी। उनकी पत्रकारिता ने समाज को नयी दिशा दी और इसे बेहतर बनाने का प्रयास किया।

मुकेश कौशिक : परिचय

मुकेश कौशिक क़रीब तीन दशक से रक्षा संवाददाता हैं और इस दौरान उन्होंने भारत के रक्षा प्रतिष्ठान के घटनाक्रमों को बेहद नज़दीकी से देखा है। पत्रकार होने के साथ-साथ उन्होंने प्रधानमन्त्री पीवी नरसिम्हाराव की पुस्तक *इनसाइडर* का हिन्दी अनुवाद किया जो *अन्तर्गाथा* शीर्षक से प्रकाशित हुआ। अरुण शौरी की पुस्तक *अजब शासन तन्त्र* को उन्होंने हिन्दी में पेश किया। डेविड डेविडार के उपन्यास *नीले आमों वाला घर* के हिन्दी संस्करण में उनकी अहम भूमिका रही।

रक्षा संवाददाता के नाते इन्हें देश के विमानवाहक पोत आईएनएस विराट, आईएनएस विक्रमादित्य और अन्य रक्षा प्रतिष्ठानों में जाने का अवसर मिला। अमेरिकी विमानवाहक पोत यूएसएस रोनाल्ड रीगन पर भी उन्होंने क़दम रखे। विश्व की सबसे ऊँची रणभूमि सियाचिन, भारत-चीन सीमा, अण्डमान निकोबार के सुदूरवर्ती इलाक़ों, भारत-पाक सीमा से लगे रेगिस्तानी रण और नियन्त्रण रेखा के अनेक दुर्गम स्थानों की यात्राएँ कीं। कश्मीर के आतंकवाद और देश के नक्सलवाद प्रभावित इलाक़ों का भी दौरा किया।

उत्तर प्रदेश के बिजनौर ज़िले में भोजपुर गाँव से जीवन सफ़र शुरू करने के बाद मुकेश कौशिक ने आईआईएमसी से पत्रकारिता में डिप्लोमा कर 'पाँचजन्य' साप्ताहिक से पत्रकारिता शुरू की और देश की समाचार एजेंसी यूएनआई में दो दशक बिताने के बाद अब वह भारत के सबसे बड़े समाचार ग्रुप समूह 'दैनिक भास्कर' में डिप्टी एडिटर हैं।

अपने पत्रकारिता जीवन में उन्होंने प्रधानमन्त्री मनमोहन सिंह के कार्यकाल के दौरान उनके साथ सेंट पीटर्सबर्ग के जी–20 शिखर सम्मेलन और ईरान में गुटर निरपेक्ष देशों के सम्मेलन में हिस्सा लिया। रक्षा मन्त्री ए. के. एंटनी के साथ मास्को यात्रा की। 2007 में तत्कालीन विदेश मन्त्री प्रणब मुखर्जी के साथ चीन की यात्रा

की। प्रधानमन्त्री नरेन्द्र मोदी के मीडिया डेलीगेशन में वह म्यांमार, ऑस्ट्रेलिया, दक्षिण कोरिया, फिजी, मंगोलिया, चीन और कम्बोडिया की यात्रा पर गये।

पाकिस्तान में बालकोट पर हवाई हमले पर उनकी पुस्तक अंग्रेज़ी में *IAF Strikes@0328 Hours* और हिन्दी में *एयरफ़ोर्स स्ट्राइक@बालकोट* और भारत-चीन सैन्य टकराव पर आधारित पुस्तक *एलएसी टकराव* और कहानी-संग्रह *सुनो इंडिया* शीर्षक से प्रकाशित हुई है।

आभार : शोध-सहयोग-मुकेश कौशिक।